心の正体見たり

教養人に与うる書

山田　純

星和書店

はしがき

　心とは何であろうか。答えを辞書に見出すことはできない。たとえば，小学館『精選版日本語大辞典』（2006 年）では，「人間の理知的，情意的な精神機能をつかさどる器官，また，その働き」と定義されている。「精神」を見ると，「心。また，心の働き」とある。すなわち，心の同義語の「精神」を使い，循環定義になっている。さらには，重大な誤りに気づく。心は器官ではない。器官は物体である。脳は器官であり，物体であるが，心は器官ではなく，物体ではない。『広辞苑』なども同様であり，辞書の中に心の正体を見出すことはできない。

　心を見た者はいない。そうすると，心は，天国や神のように想像上の対象であり，非物体であり，見ることはできず，実在しないのであろうか。しかし，心に内包される知識や記憶も非物質であり，見ることはできないが，それらは明らかに実在する。そうすると，それらを内包する心も実在する。そして，その実在する心が動因となって，体を動かし，行動すると考えられる。つまり，心が行動の動因になる。たとえば，「心の赴くままに旅をする」場合，心が行き先を定め，体が移動する。

　しかしながら，ここに矛盾が潜む。心が非物体で，体が物体であれば，非物体が物体を動かすことはできない。心は体を動かすことはできない。心が動因であるとする常識は誤りである。Loewer（2002）は，心が体の動因ではないとする主張は最後の手段であると言う。しかし，最後の手段であれ，心の動因説が証明できない以上，心の存在を疑うほかない。このような疑念を抱かせる心の正体は何なのであろうか。

　本書のタイトル『心の正体見たり』も矛盾ではないか。見る対象は

視覚的に知覚できる物体でなければならない。しかるに，心が非物体であるなら，それを見るというのは，まさに矛盾ではないか。否，矛盾にあらず。明らかなように，「見たり」は比喩あるいはことばの便宜的表現である。あにはからんや，このような表現こそが心の正体を覆い隠す煙幕である。心ということばは無数の意味をもっている。それは，潜在的には無数の比喩表現で表され得る。人間は，無数に弱い。ゆえに，この路線で進めば，心を捉えることはできない。

　本書は，当初，「行動主義いざ見参」をサブタイトルとしていた。しかし，「行動主義」は多くの人々に忌み嫌われる傾向にあり，断念した。しかし，本書は，その行動主義を拠り所にする。それが本文で徐々に展開され，慣れてくると，それを好きになってくれる，ということを期待している。行動主義では，心は不要無用である。心の存在自体を否定する。第3章で見るように，人は心と体からできていると言われてきた。それは常識である。しかし，行動主義では，それを否定し，人は体からできているという単純過ぎるほどの結論になる。おもしろみはなくなるが，心がなければ，心の呪縛もなくなり，これからの生活がすっきり明瞭になるであろう。

　本書のサブタイトルは『教養人に与うる書』である。本書の中身は，教養60%，学術30%，エンタメ10%くらいである。教養については，オリジナルな新知見や新データを提示している。職場で人間関係への対応で悪戦苦闘し，心を痛めている教養人は，第4章と第5章を味読すれば，明日からの生活（行動）が楽になるのではないか。恋に悩める若人は，第1章だけでも読んでもらいたい。その恋が冷めるかもしれないが，悩みも一掃されるであろう。学術面では，主として海外の研究者の知見を引用もしくは援用している。人文社会系の学部生や大

学院生は，原著書・論文にあたれば，卒論，修論，博論の糸口になる
かもしれない。さらには，現役の心理学者，哲学者，社会学者にとっ
ても，読めば，何かしら学術的刺激を受けるはずである。誤りや不備
に気づけば，ご教示願いたい。

　筆者は行動主義者である。心が存在しないということを金科玉条と
している。行動主義は心を研究対象としない。さすれば，心を研究し
ていない者に心を論じる資格があるか，という批判が生じる。しかし，
心を論じてこなかった，論じずとも，支障がなかったという経験こそ
が改めて心の不在を示す。つまり，心が存在しないという帰無仮説は
証明できないけれど，本書は，無仮説の立場である。無仮説とは，あ
る実体の存在が証明されない限り，その実体が存在しないと仮定する。

　本書では，刺激と行動によって，これまで心に依存してきた行動を
捉えなおそうとする。この企てがどこまで成功するか。その結果や評
価のいかんにかかわらず，『心の正体見たり』の趣旨が理解できれば，
これからの生活の中での人の行動，自分の行動の理解がこれまでと
は，まったく異なってくるであろう。心というしばしば重苦しい外套
を脱ぎ捨てるなら，動物としての自然体が出現する。幸せを感じると
き，悲嘆にくれるとき，目的を成就したとき，仕事や試験で失敗した
とき，現象を現実的に正しく解釈でき，適切に余裕をもって，高い次
元から，つぎなる行動の選択ができることが期待される。

2023 年 1 月

広島大学名誉教授・博士（心理学）

山 田　　純

目次

第1章
愛は移ろう

　愛は，心のど真ん中にある。とすると，愛の正体が明らかになれば，心の正体も，おのずから明らかになるはずである。

　読者は，本章の第3節で到達する結論に驚くかもしれない。

第1節　去りゆく愛

　愛とは何か。愛はどこにあるのか。辞書の中に愛の正体を見出すことはできない。『広辞苑』第六版（2008）によると，「愛」は「いつくしみ合う心」である。「いつくしむ」を見ると，「愛する」になっている。これも循環定義であり，これでは愛の正体はつかめない。

　そこで，辞書ではなく，参考資料として歌謡曲やことわざを探してみよう。歌謡曲には，愛や心が頻繁に登場する。まず，天地真理の『想い出のセレナーデ』（山上路夫作詞）には，つぎの一節がある。

　　あんなに素晴らしい愛が
　　何故に今はとどかないの　あなたのあの胸に

ああ，もう愛がとどかない。乙女心の切なさは，しみじみとわかる。しかし，「愛がとどかない」という「愛」とは何なのであろうか。「とどく」というからには，愛は，贈り物のようにとどけられる物体なのであろうか。もしそうなら，どのような形をしているのだろうか。物体でなければ，何なのか。どのようにとどくのか。

　加藤和彦と北山修の『あの素晴らしい愛をもう一度』（北山修作詞）にも似たようなフレーズがある。その中では，愛と心が同義語のように扱われている。

あのとき，同じ花を見て，美しいと言った二人の心と心が今は
もう通わない。
　あの素晴らしい愛をもう一度。

この中の「心と心が今はもう通わない」の意味はすぐに理解できる。
思春期の男子と女子がいて，はじめは相思相愛，心が通い合っていた。
「通う」の意味は，「2つの場所の間を行き来する」である。心を主語
とすると，「心が2つの場所の間を行き来する」になる。2つの場所は，
2人の恋人である。男の子の心が相手のところに行き，女の子の心も
相手にとどく。互いの心の中には愛があって，それが互い行き交い，
重なり合い，絆ができる。実にロマンチックに響く。ところが，ある
日2人の心と心が通わなくなった。男の子は女の子に依然として恋し
ているが，女の子はそうではない。視覚的には，図1.1のようになる。
男の子の愛はとどかず，女の子の心は男の子に向いていないイメージ
である。

図1.1　心と心が通わない

　しかし，心は物体ではない。ゆえに，物体でない心が空間を移動す
ることはない。だから，図1.1は非現実的である。「非物体の心と心

が2つの場所の間を行き来する」は成り立たず,「心が通う」が意味を成すためには,非物資である心を物体のように比喩的に解釈しなければならない。そうすると,図1.1は非現実的というより,第2章で述べる比喩表現ということになる。

図1.1が比喩表現なら,現実的で基本的な意味はどのようなものであろうか。比喩表現を使わない,原語的表現はどのようであろうか。「通う」の第二義には「互いに理解しあう」がある。これを当てはめると「心が通う」は,「二人が同じように感じ,同じように理解し合う」というようになる。具体的には,同じ花を見て,美しいと言うように,同じような反応をするということである。この歌では,「二人の心と心が今はもう通わない」と表現しているので,「同じ花を見て,美しいと言う同じような反応をしない」という意味である。すなわち,女の子の反応が変わり,同じように美しいと言わなくなった。ある時から反応が変わったということである。そこには,おそらく,愛を帳消しにし,嫌悪を引き起こす一瞬の言動があったのであろう。その原因として,何らかの刺激が加わり,それに偶発的な反応が起こり,その反応が同じ花という刺激に対して異なる反応を誘発するようになった。このような反応変容は自然現象である。

では,「あの素晴らしい愛をもう一度」経験することはできるだろうか。確率的には,ゼロに近い。再会する確率もゼロに近い。仮に再会しても,好感を再度呼び起こす確率はゼロに近い。初恋で,夕焼けを追いかけていった2人,風が流れても変わらないと言った2人は,もう消え去っていて,どこにもいない。いるのは,はじめに肯定反応つぎに否定反応を記憶している別人である。

『あの素晴らしい愛をもう一度』では,「女心と秋の空」あるいは「女

の心は猫の目」というように，女心が変容したと解釈されるが，女心が変わらないこともある。冒頭の天地真理の『想い出のセレナーデ』では，乙女心は変わらない。男の子は去り，恋は想い出として残った。男の子に心変わりがあったのか，その町を去らざるを得なかったのか，いずれにしても可憐な乙女心は揺れる。

　バーブ佐竹の『女ごころの唄』（山北由希夫作詞）では，つぎのように描かれている。

　　あなただけはと信じつつ，恋におぼれてしまったの
　　こころ変りがせつなくて，つのる想いのしのび泣き
　　（中略）
　　今夜しみじみ知らされた男心の裏表

ここには，男心に裏表があった。女心は一途で，想いがつのる。ここでは，女の言動ではなく，男の浮ついた振る舞いが推測される。「男の心と川の瀬は一夜に変わる」や「男心と秋の空」ということわざがあるので，男心が軽薄である感じにもさせる。

　長い人生の初期に起こる初恋は，夏の暑い盛りに飲む冷えたビールの１杯目に似ている。１杯目は，新しいみなぎる生気をもたらし，蘇るような至福の瞬間となる。しかし，２杯目以降，その至福は徐々に低減する。夢淡きロマンス漂う初恋と泡とともに胃袋に消えるビールとを比べるなんぞは無茶苦茶だと笑うことなかれ。行動主義では，刺激そのもののみを探求するのではなく，反応によって判断することもある。反応が似ていれば，刺激も似ているはずである。

　空腹時のご馳走になぞらえることもできる。この場合，ご馳走を堪

能し，満腹になると一抹の虚しさ，あるいは悲しみすら覚えるかもしれない。英語の sad「悲しい」の語源は，satisfy「満ち足りた」やsatiation「飽和」などと同根である。満足から悲しみへの変容過程を示唆する。なぜ満腹になると悲しくなるのか。

　この問いは，行動主義の守備範囲に入り得る。行動主義のキーワードの１つに欠乏がある。悲しいという場合，それは，そこに愛する人がいなくなったり，愛する物がなくなったりするときの反応である。空腹も欠乏であり，悲しみを惹起する。ところが，欠乏が解消されると，満足状態になる。しかし，満足は，欠乏を解消しようとする行動の消失をも意味する。欠乏の欠乏が根底に横たわる。その欠乏が感知されるなら，悲しみが起こる。

　松尾芭蕉（1644-1694）の「おもしろうてやがて悲しき鵜舟哉」は，夜間にいざり火を焚いておこなわれる鵜飼に幻想的な風情があり，おもしろいが，それが終わると，寂しく悲しい気持ちになるという意味である。あるいは，「歓楽極まりて哀情多し」では，楽しみや喜びが最高潮に達すると，やがて退潮がきて，悲しい気持ちが湧いてくる。同じようなことわざに「楽しみ尽きて悲しみ来たる」がある。先人たちは，苦楽の機微を鋭く感知し，ことわざとして残してくれている。しかし，その背後に欠乏が潜んでいることには気づいていなかったのではないか。

　解釈は分かれるかも知れないが，布施明の『恋』（平尾昌晃作詞）につぎのような表現がある。

　　　逢うたびにうれしくて，逢えば又せつなくて
　　　逢えなけりゃ悲しくて，逢わずにいられない

ここでは，複雑な心情が吐露されている。上述の芭蕉の俳句やことわざなどと同様に，恋の最高潮にも飽和，それに悲哀が続く，と考えるとわかりやすい。淡白な言い方をすれば，恋人という物体，ビールという物体，ご馳走という物体という刺激に対する反応の変容は，飽和から悲哀の過程を反映する事例と解釈できる。

　『あの素晴らしい愛をもう一度』の2人の心，感情を普通に表現するならば，2人がお互いを好きになって，それから女の子がその感情を消失し，男の子は片恋に陥る，という構図になる。ナイーブな人々は「命かけてと誓った日から思い出残してきたのに」やがて訪れた破局に驚くであろう。しかし，「百年の恋も一時に冷める」ということわざのとおり，熱烈に愛する人の意外な一面を経験することで，その恋心が急にしぼんでしまうということであり，まったく道理である。

　行動主義心理学やほかの心理学も，その意外な一面を科学的に明らかにしてゆかなければならない。もしそれがつまびらかになり，その行動を回避できれば，心が通わなくはならないであろう。たとえば，相手のある言動が嫌な女性がいるとする。ときに，その言動が隠れた微細なハラスメントとなり得る。それに気づかず，無頓着な男は困る。教養がないと言えばそれまでだが，そんな単純なことでも破綻が起こる。そうならないように，まず相手が嫌がることを知ることが必要で，対応法としては，相手が嫌な様子を示すなら，そのときの自分の言動を振り返る必要がある。自分の言動にはパターンがある。嫌な言動は繰り返される。1度でそれを発見することは難しいが，何度か繰り返されるうちに見つけなければならない。ハラスメントとは否定刺激のことである。ハラスメントが具体的に何か，日常の行動の中のどこで起こるかを知ることは，行動主義心理学の研究課題の一部であるが，

第4章で示すように，個々人においては高度な教養の一部である。

　行動主義では，好き嫌いといった感情表現はあまり使わず，原点付近に戻って，肯定（正，プラス，ポジティブ）と否定（負，マイナス，ネガティブ）の反応で表現する。『あの素晴らしい愛をもう一度』を物語と見なすと，つぎのようになる。出会いの前を第1段階とすると，そこは中立で，第2段階で，両者とも相手に対して肯定反応をする。第3段階で，男の子は肯定反応のままで，女の子は否定反応となって終わる。第4段階はなく，男の子が「あの素晴らしい愛をもう一度」と叫んでも無駄である。ただし，時は薬である。時は男の子の傷心を癒してくれる。そうすると，その後の長い第4段階は中立となる。この物語で，肯定反応をロマンチックに，あるいは認知主義的に，あるいは普通に表現すると，肯定反応が「好き」であり，否定反応が「嫌い」である。しかし，原初的には，言い換えると行動主義的には，相手という刺激に対する2種類の反応と見なすことができる。

第2節　生まれ出づる愛

　飽和現象と逆の事例も数多くある。結婚して，何年か後に離婚する場合は，多かれ少なかれ飽和の閾を超えた結果であろう。しかし，多くの夫婦がお互いの愛をはぐくみながら末永く幸せな生活を過ごしてゆく。ならば，飽和を凌駕する対抗作用が存在するはずである。それが Zajonc（1968）の接触頻度仮説である。エピソードを見てみよう。

> 　大きな黒い袋で全身を包んだ謎めいた学生がオレゴン州立大学のクラスに2か月間出席していた。素足だけを出している。月，水，金の午前11時の「スピーチ113」のクラスで，教室の後ろのほうに座っていた。教授は，その学生が誰か知っていたが，ほかの20名の学生は知らなかった。教授によると，この謎の学生に対するほかの学生たちの態度は，敵意から好奇心へ，そして好奇心から友愛へと変容していった。

　このエピソードは，単に対象に接する頻度が増加するにつれて，好感度が肯定的に変容することを示している。このような頻度効果は，日常生活万般に広く当てはまるように思われる。
　尾崎紅葉（1867-1903）の『多情多恨』は，頻度効果が基底に横たわる心理小説であると思われる。主人公の柳之助は，妻の類子と朋友

の葉山以外は好いたものがいない変人である。最愛の妻が病死し，物語はそこから始まる。

　この物語を自然的な事例研究と見ることができる。被験者は，柳之助，東京物理学院の教授，年齢は 29 歳。柳之助は，朋友の妻，種をひどく嫌う。したがって，柳之助が Zajonc のクラス受講者に，種が黒い袋にくるんだ謎の学生に相当する。仮説は，接触頻度は柳之助に頻度効果をもたらし，柳之助の種に対する好感度が負から正に変容する，である。小説の流れに沿って，柳之助の態度を以下に引用する。

　まず，負の感情から始まる。友人の葉山がわが家に来るように勧めても，ためらう。

> 柳之助は葉山の内眷（つれあひ）が大の嫌で，彼は固（もと）より多数の人を虫が好かぬその中でも最も好いてゐる人の妻を最も好かぬのである。
> 其人をば何故に自分は嫌ふのか，と柳之助は始終心に訊ねて見るが，一向理屈は無い。
> 美人ではないが，目鼻立（めはなだ）ちの揃（そろ）つた，色白の身材の繊削（せい すらり）とした，閑雅（しとやか）な，奥様らしい様子の人物（ひと）。若し其短所を挙げたらば，少し寂しくて，無人相（ぶにんそう）で，何を為（す）るにも極めて不熱心のように見える。
> 那云（あ）う女と能（よ）く添（そ）つて居られたものだ，と柳之助は常に思ふ。
> 葉山には所謂焦れてゐるほどであるから，毎日でも逢ひたいのである。
> お種様を見なければならぬのが否（いや）さに，控へに控へて，三度行く所も一度にしてゐる。

柳之助は，葉山に同居するように勧められるが，優柔不断が続く。

一日二日は切に其事ばかり考へてゐたが，さて分別は容易に着か
ぬ。葉山へは同居したいが，お種と云ふものがゐる，是が必ず第
二のお島となつて，自分を苦めるに違無い。

　それから，中立状況が生まれる。柳之助が葉山の宅を訪れて，種が病
気で寝ていると聞いて，お見舞いの挨拶をしたいと葉山に言うと葉山
は驚く。

　「本当に行くのかい，是は不思議だ。君は始終来ても家人（うちのもの）に会ふ
のを可厭（いや）がつてゐるぢやないか。二十九歳になつて人見識（ひとみしり）を為る
人ぢやないか，その鷲見君が如何したものだ，寒いから雪でも降
らなけりや可（い）いが。」

　ようやく妻の死去から百日が過ぎ，葉山の家に住むことになる。種に
対する負の面と中立の面はせめぎ合っているようにもみえる。

　未だに彼はお種に打ち解けぬけれど，外に居て見た葉山の妻と，今（いま）
は朝夕を共にするお種とに対する感情の良違（てうせき）つたのは事実である。

　それでもお種に親むのは，何と無く気の進まぬ所から，然う思ひ
つゝ，猶且遁（やはりに）げるやうにしてゐた。

　あるとき，葉山が冗談めいたことを柳之助と種に言った。2人の反応
は，平凡であるが，柳之助のそれまでの態度と異なる。

細君も柳之助も笑はされた。

ある日，柳之助は，油絵で描かれた妻の肖像を持って帰り，葉山と種に見せる。種は，その肖像画がよく似ていて，髪がよくできていると褒める。

「然うですかな。」と柳之助は額の側に立つてゐたのが，不知お種<ruby>不知<rt>いつか</rt></ruby>と並むで見物人の一人となつて了つていた。

それから，ある夜更け，種が戸締りをしようとすると２階の柳之助の部屋の明かりがついていた。部屋のふすまをあけると，柳之助は妻を思い出し，目は泣き腫れていた。種は慰めようと，葡萄酒を持って来て，柳之助に飲ませる。

「妙ですな，<ruby>恁<rt>かう</rt></ruby>して居ると何だか<ruby>妻<rt>さい</rt></ruby>が居るやうな<ruby>心地<rt>こゝろもち</rt></ruby>が為るです。失敬ですけれど貴方が妻のやうに思はれるです，大変それで酒が<ruby>旨<rt>うま</rt></ruby>いです。」

そして，ある日曜日，葉山夫妻が園遊会に招待されて出かける。柳之助は種の美しさに驚く。この日が，種への情愛が生まれ出づりし日と言える。

<ruby>変<rt>そぶり</rt></ruby>りも変つて，其體度まで<ruby>例<rt>いつも</rt></ruby>よりは<ruby>嫋娜<rt>たをやか</rt></ruby>に，若気の羞しさが見えるので，柳之助は<ruby>呆顔<rt>あきれがほ</rt></ruby>をして<ruby>見惚<rt>みほ</rt></ruby>れてゐるのを，お種は<ruby>有繋<rt>さすが</rt></ruby>に<ruby>曠<rt>はれが</rt></ruby>ましい，其<ruby>風情<rt>ふぜい</rt></ruby>が彼には<ruby>猶<rt>なほ</rt></ruby>好く見える。

それが一所になつてから，段々親<ruby>親<rt>ちかし</rt></ruby>くして見ると<ruby>漸<rt>やうや</rt></ruby>く解つて来た。<ruby>別<rt>わ</rt></ruby>けて此二三週間此方は急に心の<ruby>隔<rt>へだて</rt></ruby>も薄くなつて，何か<ruby>朋友<rt>フレンド</rt></ruby>のやうに思はれる。

<ruby>左<rt>と</rt></ruby>にも<ruby>右<rt>かく</rt></ruby>にも其人に対する感情が一変するまでに，柳之助は此日のお種を<ruby>幽<rt>ゆか</rt></ruby>しくも美しく見た。

その後，夜這いまがいの事件も起こるが，物語は無難に終わる。福田（1970，p.455）は，『多情多恨』の短評としてつぎのように述べている。

「多情多恨」の筋はきわめて簡単で，愛妻を失った主人公の故人に対する深い追慕，悲歎から，初めは嫌悪した友人の妻に，ふとしたことから愛着を感ずる過程をえがいたまでである。この男女間のことも，それまでのように情痴的なものがなく，むしろ精神的であり，背景として初冬より早春に到る都会の季節感を流して効果的である。

ここで，「ふとしたこと」が何を指しているのか不明であるが，それが何であれ，そのふとしたことは必要ない。そのふとしたことがなくとも，柳之助の愛は生まれ出づることになる。そこには，接触頻度が関与していると考えられる。かくして，この事例研究は，接触頻度の増加に伴い，心が負から中立へ，中立から正への移ってゆくという仮説を支持する結果を示したことになる。

　瞠目すべきは，尾崎紅葉が『多情多恨』を書いたのが1896年（明

治29年），まだ30歳であったということである。Zajonc よりも約70年も先んじ，直観的もしくは半意識的であれ，わずか30歳で接触頻度仮説を背景に名作を完成させている。

第3節　愛の拡がり

　愛する対象は無限に存在する。なぜなら繰り返し経験できる中立的な対象は無限に存在するからである。卑近な事例は枚挙にいとまがない。鏡に映る顔と写真の顔は異なる。それは，顔が左右非対称であることによる。そして，ほとんどの人が，写真の顔より，鏡に映る顔のほうが好きだと言う。毎日，鏡で見る自分の顔は，頻度効果によって好きになってゆく。一方，写真は頻繁に写されることはないので，写真の顔は，それほど好きにはなれない。あるいは，自分は写真写りが悪いと言う。しかし，写真は正直に実体を写す。顔の左右非対称の度合いが大きければ大きいほど，鏡の顔と写真の顔は異なり，写真写りが悪いと錯覚する。

　平成20年頃，20歳前後の学生を対象に，「平成」「昭和」「大正」「明治」という語について，好きな順に並べてみよう，という簡単なアンケートを実施した。結果は，ほぼ一貫して「平成」「昭和」「明治」「大正」であった。ここで，「明治」という語が「大正」という語よりも好まれる理由は，語の頻度効果であると言える。時の近接効果のみであれば，「平成」「昭和」「大正」「明治」になるはずである。また，昭和生まれを被験者とするならば，予想として「昭和」「平成」「明治」「大正」の順になるであろう。大正生まれが被験者なら，「大正」「昭和」「平成」「明治」になるかもしれない。さらには，現時点で，「令和」を加

えた5つの年号の好感度を調べてみるのはおもしろいであろう。ある
いは，「22世紀」「21世紀」「20世紀」「19世紀」「18世紀」の好感度，
さらにはそれとの比較で「22」「21」「20」「19」「18」の好感度も興味
深い。この問題は，誰か関心のある研究者に委ねたい。

　Zajonc（1968）によると，英語の形容詞555語の頻度とその好感度
との相関は .83 であると報告している。相関係数 .83 は，両者が等価
であると言っても過言ではないくらい高い値である。

　このほか，上着，ネクタイ，スカーフ，帽子，靴などのお気に入り
の衣料品，ペン，鉛筆，ノートなどの文具の愛用品，ほかには愛車，
愛犬，愛人なども同様である。「愛用」は，『広辞苑』によると「好ん
でいつも使うこと」とあるが，愛用品は「好んでいつも使う物」より
も「いつも使っていて好むようになった物」のほうがより適切であろ
う。愛車などについて，はじめに購入するとき，好きなタイプの車を
選ぶから，好きなのだということはある。一方で，仮に第三者が選ん
だ場合も，最初は特段，好き嫌いはないが，徐々に好きになっていく
というのが一般的傾向である。

　以下では，郷土愛，好き嫌いの起源，頻度仮説の意味について述べ，
最後に行動主義の視点から愛の正体を顕わにする。それを知る読者は
驚くと同時に失望するかもしれない。

郷土愛

　ふるさとは，やや謎めいた不思議な特別な場所，実体である。郷土
愛，ふるさとに対する得も言えぬ愛着は，どこから来るのであろうか。
詩や歌に現れる「ふるさと」は愛を取り巻くさまざまな情感を醸し出

す。室生犀星（1889-1962）の有名な「ふるさとは遠くにありて思う
もの　そして悲しくうたうもの」は，詠まれた場所などの解釈は難し
いが，どこにいようとも複雑な思いを惹起させる場所であることは確
かである。歌の中のふるさとは，いろいろな情景を醸し出す。大和
田建樹作詞『故郷の空』の「おもえば遠し　故郷の空 ああわが父母い
かにおわす」は両親と深く結びつく。高野辰之作詞『故郷』の「夢は
今もめぐりて　忘れがたき故郷」は夢に出てくる淡いふるさとである。
これらのふるさとは，高い好感度をもつという共通性がある。そして，
その高好感度は頻度効果で説明される。

　たとえば，生まれて18年を過ごしたふるさとを出て，ほかの地域
で30年過ごしたとする。その場合，ふるさとに対する愛着は現在の
地域に対する愛着よりも強い。これは，頻度効果仮説の反例ではない
か，という異論が出るかもしれない。30年のその地域生活の頻度が
ふるさとの18年の生活の頻度より大きく，その地域の愛着度が強く
なるはずである。しかし，実際のところ，多くの場合，ふるさとの生
活は，ほかの地域へ移っても，折に触れて思い起こされる。夢は今も
めぐる。その思い返され，夢に出てくるふるさとは，頻度に加算され
る。その加算される頻度効果は，現在の地域愛をしばしば凌駕する。
もちろん，もし強い郷愁がなければ，思い返されることもなく，現在
の地域の愛着度が高いという結果になるであろう。

　ふるさとが消えてなくなる場合はどうだろうか。20年ぶりにふる
さとを訪れてみると，再開発で当時の面影がない。我が家もなければ，
近所の家々や路地や公園もない。しかし，自分史の中で，ふるさとは
重要期間である。今日の自分は，当時の自分を礎にしている。そこに
は，初恋があり，失恋があり，友情があり，いざこざもある。父母が

いて，兄弟がいて，友がきがいる。自分史自伝劇場の舞台には，自然が作成したシナリオのもと，このような人々が演じる物語や出来事でいっぱいである。そのような時空を忘れ去ることができようか。ふるさとが現に実在するか否かは，必ずしも強い要因とはならない。ふるさとは，心の中に実存する。否，脳に実存する。

好き嫌いの起源

　好き嫌いは，生まれながらの天賦の性向と思われがちである。もちろん，本能的な好き嫌いはある。たとえば，食べ物では甘いものは本能的に好まれ，苦いものは嫌われる。しかし，頻度という簡単な条件でコントロールされる面があることは，驚きであろう。ことわざの「蓼食う虫も好き好き」「十人十色」「あばたもえくぼ」「住めば都」なども，接触頻度によって部分的に説明されることも驚きになる。「去る者は日日に疎し」は逆に接触頻度が下がれば，好感度も下がるという現象を表している。「蓼食う虫も好き好き」は苦い蓼も平気で食べて好きになる。とりわけ，ロールモデルになるような人がおいしそうに食べているのを見ると，その食べ物が何であれ，自分も同じように食べるようになり，好きになる。

　同じ対象物に対して好き嫌いがあるということは，好き嫌いが種の生得的な要因ではなく，個人差の大きさを示している。客観的で科学的であるはずの学術分野においてでさえ，個人差が大きいことに驚き，ときに嫌気をもよおす。実際，たとえば最高峰の学術誌 Science に発表された Skinner（1981）に対して，Catnia & Harnad（1988, pp. 20-76）に見られるコメンタリーは，絶賛から酷評まで天と地ほどの

差があるのに唖然とする。この批評家たちの個人差はどこから生まれているのだろうか。答えの大部分は，頻度効果と思われる。行動主義者自身そして行動主義ファンは行動主義の所論に何度も接し，精通し，好きになっている。アンチ行動主義者は行動主義の知識が乏しく，仮説や方法論などひとまとめにして好きになれない。それにしても，酷評に動じないスキナーに感嘆する。アンチ行動主義者の行動分析をしながら彼らの言動を見透かしていたのであろうか。それとも，多くの批判を経験し，その頻度効果で，むしろ酷評大歓迎，酷評が好きになっていたのであろうか。

頻度仮説の意味

　それでは，なぜ接触頻度が増えると，好感度が増えるのであろうか。人は，慣れ親しんだ環境の中にいるときが幸せである。住めば都。気心知れた人々，馴染みの店や通りなど，これほど安心で心地よい条件はない。逆に，見知らぬ者が多くいれば，不安である。ときには身の危険を感じる。しかし，その見知らぬ者も，何度も接して安全性が高いことがわかれば，不安も徐々に消えてゆく。はじめて行くレストランは，店の配置や値段や味や食材など一抹の不安がある。しかし，何度も利用するうちにその不安が解消される。これらの多くの場合，やがて好感を抱くようになる。

　なぜだろうか。「愛着」と語を考えてみよう。特に「着」に注目したい。「着」の意味には「身に着ける」や「近づく」や「くっつく」がある。したがって，「愛着がわく」という表現は，何度も接しているうちに，その対象が自分の一部になってしまうようになるといった

感じである。自分は自分に一番接していて一番好きなので，自分の一部になるような対象は好きになる。一般的には，身近になることが自分と一体化するということである。たとえば，ペンを例に取ってみよう。初めてそのペンに触れると，ペンの形や感触や書き具合など1つの経験となる。2度目には，初めての場合と異なる感触など2度目の経験となる。そのような経験が続くに伴い，形や書き具合などを熟知し，親しみ，身近になり，あたかも自分の手指の一部のように感じるまでになる。そこまで自分に近くなれば，それは好きと表現するほかない。たとえば，愛馬の場合，人馬一体という。馬は自動車へと転移する。マツダ社のロードスターは人馬一体をコンセプトに製造されたという。あるいは，アリストテレスのことばに「友だちは第二の自己である」がある。以上が接触頻度仮説の意味である。

　友だちや連れ合いがいることの幸せについて付言すると，残念であるが，別れの悲しみがしばしば伴う。吉田秀和（1913-2012）は，『朝日新聞』（2022年6月9日）によると，2003年11月に妻を亡くし，その後「体の半分がなくなったよう」と述べ，連載中の「音楽展望」を2004年に休止した。おそらく高齢であったこともあるであろうが，2年を要して元の体，元の精神状態に戻り，「音楽展望」を2006年に再開した。これは特異的な事例かも知れないが，十分に理解はできる。愛妻と長年暮らす中で，自分と一心同体と言ってよいほど，結びつきが強くなる。ほとんど日々，出会い，行動をともにするところから培われた頻度効果が死別によって，一瞬のうちに崩壊する。

　接触頻度は，正の方向に向かう変化だけではない。接触頻度は，尺度上，時間軸に沿って，負の方向にも進む。ことわざの「去る者は日日に疎し」は，親しかった人，愛した人も遠く離れてしまうと，疎遠

になり，親しみや愛が薄れてゆくという意味である。頻度仮説の負の効果を経験的に表している。また，接触頻度の原点は，尺度上，ゼロである。その例として「食わず嫌い」がある。頻度がゼロであれば，未経験であるということであり，未経験な対象は，時に好奇心を惹起することはあるが，一般には往々にして嫌われる。この現象は日常生活の中で見えにくいが，頻出している。

　なお，本書では，心は存在しないとか，心は不要であるといった趣旨のことばがちりばめられ，繰り返し登場する。読者は，はじめは驚き，疑念を抱くが，２回目以降驚かなくなり，やがて馴染んできて，たぶんそうかもしれないと思うようになる。それからその主張に好感をもち，終盤では無心論者になるかもしれない。

行動主義いざ見参

　愛の正体見たり。愛は，心のど真ん中にあると言われる。愛は，対象を慈しみ，ロマン溢れる夢や希望が漂うほのぼのと温かい不思議な情感である。本書は，それを否定するものではない。しかし，行動主義の冷徹な見地からは，味もそっけもない動物的反応ということになる。つまり，愛は対象に対する肯定反応である。これは，食物を見て，それに近づいて手を伸ばす反応と軌を一にする。あるいは，雄のカラスが雌を求めて追いかける行為の延長線上にある。それらは反射的行為である。これがまさに愛の正体である。そこにはロマンなどはない。もちろん，ロマンや夢を付加して事態を見ることはできる。現に，人類はそうして今日まで生きてきた。

　愛と呼ばれる反応は変幻自在で実相が見え隠れする。さまざまな

ベールで覆われ、これまで正体が見えなかった。たとえば、Russell (1930/1975, p. 52) は、「愛は、全身が新しくなり、新たな活力を得る経験である」と述べている。やや大仰な感もあるが、的を射ている。ある対象を熱烈に好きなるということは、強烈な肯定反応をしているということであり、それまでの自分とは異なり、相手を自分に取り込む新たな自分に変身したということである。当人の言動は、それまでとは別人のごとく生き生きとして積極的で前向きになるので、そのように表現することができる。これもほかの動物と同じである。獲物を狙って少しずつ近づき、その獲物を捕らえた猫は、数分前までごろりと寝そべっていたときの猫とは異なる。その獲物を得た猫は、その獲物が加わった分、全身が新しくなり、新たな活力を得る。

　論理上の裏（愛がなければ、全身が新しくなく、新たな活力を得ない経験である）も真であると仮定すると、失恋は、全身が古びて、活力を失う経験になり得る。行動主義の解釈は、対象にかかわる刺激から受ける否定的反応に過ぎない。しかし、否定反応は体に否定反応が起こることであり、健康上も悪い。少なくとも健康上よろしいとは言えない。ただし、人生という大局的な視点からは、大事なことであるが、失恋や片恋は１つの経験に過ぎず、永続したり反復したりする反応ではない。塞翁が馬、事と次第によれば、失恋は肯定反応的な成長を遂げる。やがて、新たな経験をすることによって、自分史の中で、失恋も甘酸っぱい想い出の一場面となるだけでなく、大いなる飛翔のスプリングボードとなり得る。

　愛が、心が、刻々と変容すると言えば、ロマンがあり、神秘的に響く。行動主義的には、対象に対する肯定度が変容するという味気ない結論になる。万物は、時々刻々と変容する。人もしかり。恋の最中のある

言動も刺激対象として刻々とチェックされ，その都度，反応が起こる。2人のうちの一方，あるいは両者に失望や幻滅も引き起こす。その問題の言動の前と後では，別人のように反応する。振る舞う。そのような明白な出来事がなくとも，小さな出来事の連続の中で，昨日の自分と今日の自分は異なる振る舞いをする。生涯を通して，人は少しずつ行動が変容してゆく。愛の消長は，その顕著な一事例と見ることができる。

　最後に，失恋のただ中にあり，悩める教養高き若者に与う。覆水盆に返らずと判断するなら，新たな異性とのふれあいを待つべし。人間は社会的存在である。アリストテレスの上述のことばを拡大し，「他者は第二の自己である」として，伴侶となるかもしれない第2の自己たちと大いに接する。頻度仮説によって，失恋の相手以上の新しい第2の自己，新しい恋人が誕生する。

第2章
ことばと比喩と心

　ことばは，心に属する。その中の比喩表現は，優れて心的現象と見なされる。すなわち，心の中にことばがあり，ことばの中に比喩がある。心の正体は見えにくい。ことばは，比較的見えやすい。比喩も，比較的わかりやすい。ならば，見えやすいことばにアプローチするほうが近道であろう。本章において，このようなアプローチで進むと，心は存在しない，不用であるという結論が待っている。たとえば，第4節の夏目漱石は，「心」という語を使わずに『こゝろ』という小説が書けたかもしれない。

第1節　ことばと心

　「ことば」ということばは多義的である。語，句，文，文章，言語のいずれをも意味し，文脈によって意味が確定する。

　まず，言語としてのことばと心を考察する。認知言語学者の Lakoff（1987, p. 180）は，ことば，感情，社会制度などの非物理的領域が心の研究の中でもっとも重要な領域であろうと述べている。ことば，感情，社会制度をそれぞれ心の現象ととらえる。ことばに限定すると，ことばは，人間が創った。ことばは，文化固有である。ことばは，心の産物である。ことばは，人間の心によってのみ存在する。すなわち，心が存在しなければ，ことばも存在しない。人間が存在しなければ，ことばも存在しない。日本語に当てはめると，日本文化と日本語は，日本人の心が創造した。日本人の心の中に日本語がある。日本人が存在しなければ，日本語も存在しない。

　これらは，誤りである。Comrie（2001）は，世界に 6,700 言語があるとする言語学者の推定を上限として妥当であると認めている。しかし，現在，たまたま約 6,700 であるが，その数は理論上，無限である。なぜなら，人間の発声は無限に弁別でき，それでできる語は理論上，無限に存在し得る。ことばが無限に存在し得るということは，人間の存在とは無関係に存在し得ることを意味する。人間が存在しなくとも，心が存在しなくとも，無数の言語がシステムとして存在するこ

とを意味する。日本語は，その無数の中の１つとして発見されたという言い方が妥当である。そこには，日本人や日本人の心の存在は不必要である。所与のことばを発見した（あるいは創った）集団を，あとから日本人と呼ぶようになったり，あとからそのことばを日本語と呼ぶようになったりしたとも言える。

　行動主義的には，人類がたまたま約 6,700 グループに分かれていて，その行動パターンが約 6,700 になっているということである。その行動パターンは，主として発話聴取行動からなり，言語行動と呼ばれる。その言語行動のパターンが約 6,700 であるが，無限の刺激に対して反応も無限であるので，言語行動パターンも潜在的には無限である。また，無限の言語行動パターンは，少なくともその中のいくつかは，人間が存在しなくとも想定し，創造し得る。あるいは，人間がいなくとも，人間に類似した生命体が存在すれば，無限の刺激 − 反応 − 強化パターンからことばと呼ばれるようになる行動パターンが出現するであろう。

　よって，日本人の心の中に日本語があるとか，日本人がいなければ，日本語は存在しないなどという言説は誤りである。もちろん，利便的な比喩表現としてなら，目くじらを立てる必要はない。

　つぎに，語としてのことばを検討してみよう。ことばはどこにあるのか。ことばは，心の中にあるのか。心理言語学では，「心的語彙」という用語が使われていて，心の中の語彙を意味する。果たして，それでよいのだろうか。心が存在しないなら，心的辞書も存在しない。以下では，語を意味と形式と指示対象に分けて考える。

　Ogden & Richards（1923/1969）の意味論では，意味概念の所在を図 2.1 のようにイメージ的に示している。図 2.1 では，発話語 /tokei/

が時計の意味と結びつき，その意味が指示対象の時計と結びつく。こ
れらの結びつきによって，発話語 /tokei/ は，指示対象の時計と間接
的に結びつく。ここで，物理的に実在するのは，発話語 /tokei/ と指
示対象の時計である。発話語 /tokei/ は，空気中に起こる音波として，
耳で確認できたり，音声分析器で観察できたりする。指示対象の時計
も同様に時空の中に実在する。それに対して，時計の意味は，どこに
あるのか。

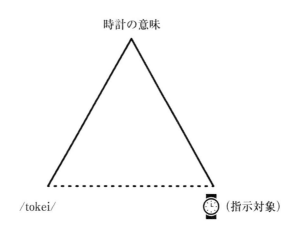

図 2.1　意味の三角形（Ogden & Richards, 1923/1969, p. 11）

　認知心理学的には，意味は心の中にある。これに基づくと，話者は，
時計を見ると，心的辞書の中の時計の意味を選択して，/tokei/ とい
う音声形式を発する。聞き手の場合は，/tokei/ が耳に入ると，心的
辞書の時計の意味が活性化され，指示対象の時計を示していることを
理解する。つまり，/tokei/ と指示対象の時計の間に心が介在している。

それのみならず，発話語 /tokei/ も指示対象の時計も形を変えて，心の中に存在し得る。発話語 /tokei/ は音声イメージとして，指示対象の時計は映像イメージとして，心の中に存在する。今，時計の映像イメージを活性化してみよう。筆者の場合，自分の腕時計の心的イメージを活性化できた。したがって，イメージがないとは言えない。

しかし，このようなモデルが正しいとは断定できない。1つの可能な見方である。腕時計の心的イメージが活性できたという言い方はできるが，腕時計の心的イメージ反応をしたという言い方が行動主義的である。残像はどこにあるかという議論がなされる。その答えはわからないが，腕時計の心的イメージは，残像が消えたと思われるあとの，残像の残像かもしれない。

上述の認知主義モデルに対して，行動主義のモデルは，空っぽであると言われる。心がないからである。図 2.2 がそれを表している。

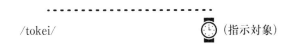

/tokei/ （指示対象）

図 2.2　/tokei/ と指示対象の直接連合

ここには，意味が欠如している。心がない。しいて言えば，/tokei/と指示対象を結合している線分が時計を含意している。このような解釈は正しいのだろうか。では，人間の代わりに実験動物の犬を対象に，指示対象を肉のようなエサとして，刺激をことばの代わりにベルの音

にすると，どうなるか。パブロフの犬の実験である。図2.3A のように，肉の意味が犬の心の中に実在するのであろうか。犬は意味概念をもたないはずである。

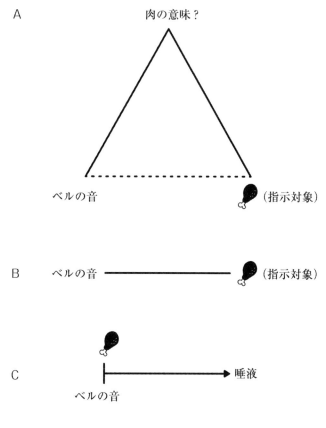

図2.3　意味の三角形は成立するか

犬は意味概念をもたない。パブロフの犬はベルの音を聞くと，心的辞書を経由せずに，じかにベルの音に反応して唾液を出す。それは，図

30

2.3C のように表すことができる。犬には，人間のような意味を内包する心がない。否，行動主義では，犬に人間のような意味を内包する心がないのではなく，人間も，犬と同じく意味を内包する心がないと考える。人間は犬の連続的な延長線上にある。もしそれが正しいなら，図 2.1 は不適であり，図 2.2 のような直接的関係が成立する。つまり，/tokei/ とベルの音とに本質的な違いはなく，反応も類似していて，図 2.1 よりも図 2.2 がことばの実相をより正しく表していることになる。

　認知モデルの図 2.1 に戻って，追記すべきは，ことばと意味と指示対象の結びつきの強度が異なる点である。だいたい，意味と指示対象の結びつきのほうが意味とことばの結びつきよりも強い。時計を見れば，意味を経由してその音声形式が惹起される。しかし，/tokei/ のような高頻度語ではなく，たとえば，ある人名を聞いて，その人の顔などが思い出せない場合がある。本人にとって，人名は存在するが，指示対象のイメージと意味が存在しないことになる。実世界の指示対象は存在するが，心の中から意味が消えている。逆に，顔と意味ははっきりわかるが，ことばが出てこないこともある。それは，ことばを学習する前の子どもの状態と似ている。では，特定の語の学習前の子どもは，指示対象とその意味をもっているのであろうか。行動主義では，たとえば時計という刺激に対して特定の反応あるいは経験をして脳の一部が変化したということで話は終わる。心もなく，意味体系もない。あえて言えば，反応体系または経験体系として脳が機能する。

　以上が，ことばと心の関係についての基本的考察である。本節の締めくくりとして，行動主義心理学の泰斗 Skinner（1957）と認知科学のスーパースター Chomsky（1959）に言及しなければならない。ス

キナー（1904-1990）は『言語行動』（*Verbal Behavior*）を出版したとき，すでに著名な心理学者であった。一方，頭角を現し始めたとはいえ，無名に近い 30 歳そこそこの言語学者チョムスキー（1928-）がこの大著の書評をするという構図自体も注目にされる。その書評は，辛辣で，ユーモアもなく，行動主義の単純な刺激－反応－強化では，文法学習ができないという趣旨で貫かれている。これは，言語学者のみならず，心理学者一般に大きな衝撃を与え，のちに認知革命の先鞭と称賛されるようになった。それまでは，行動主義が全盛期であり，心はタブーであった。ところが，そこから，新たな観点から堂々と心の研究に光が当てられるようになった。

　チョムスキーは，人間の内部構造の重要性を強調する。それは，心である。人間の心は，先験的にことばを習得するように組み込まれていると考える。ちょうど，鳥には，羽がはえるように，人間の心には，ことばが芽生えるようになっている。言語環境が乏しくとも，健常児がみんな，これまで聞いたことのない複雑な文法文を正しく理解できる。明らかに刺激文のみを模倣学習しているのではない。人間は，心の中に無限の文法文の生成装置をもって生まれる。ゆえに，刺激は重要ではなく，刺激－反応－強化は言語学習のほんの一部分にかかわるのみである。

　唯物主義から見ると，チョムスキーの言語生成装置は，魔法であり，中身が空っぽである。物体がない。鳥の場合は，卵の中の特定の細胞組織という物体が翼という物体に成長する。ことばの場合は，非物体の言語生成装置が言語行動という，人という物体の行動に成長するのか。言語生成装置は，言語行動において発せられた結果としての文を解析し，構築される非物体のシステムである。その非物体がどのよう

にして人間という物体を動かして，発話をさせることができるのか。ただただ不可能というほかない。

　行動主義では，スキナーを擁護する MacCorquodale（1970）が，人は強化可能性をもって生まれると述べている。これなら，矛盾はなさそうである。たとえば，文の学習の場合，学習者が，発話文という刺激を聞き，文理解という反応をする。その反応を適切に強化できれば，その文あるいは類似の文の学習ができるということである。

　公平に見て，チョムスキーの批判は的外れというより，両者の研究領域がまったく異なっているというべきであろう。一方は，心の言語習得装置の発見をめざす形式分析であり，他方は言語行動の説明と予測を試みる機能分析である。Palmer（2006）が示唆するように，おそらく，当時のチョムスキーは後者の意義に気づかず，自分の理論のみが正しいと信じていたと思われる。スキナーの『言語行動』は難解である。先行著書の理解も必要であるので，言語学者が短期間で，自分の専門外の諸問題，たとえばさまざまな強化がどのような効果をもつかなどを十分に把握することはできず，やむを得ない。しかし，結果的に認知革命が起こったことは，チョムスキーの偉大な功績となった。

第2節　心的辞書は存在しない

　2022 年 7 月 15 日放送，NHK 総合の『チコちゃんに叱られる』で，「小学生が時折，先生をお母さんと呼んだり，お母さんを先生と呼んだりするはナゼ？」といった質問があった。チコちゃんの解答は，心的辞書という心の中の辞書で，「先生」と「お母さん」という項目が隣に並んでいて，2 つが競合して，取り出しを間違えるから，であった。茶々を入れることの多いゲストの久本雅美は，へえーと驚きながらも，心の中に辞書があるんだあ，とその存在をすんなりと受け入れていた。

　言い間違いは，日常茶飯事である。人名では，2 人の娘に対して，次女を長女の名前で呼んだり，「舟木一夫」と「橋幸夫」の名前を取り違えたりする。動物名では，「ライオン」を「トラ」と言ったり，「タヌキ」を「キツネ」と言ったりすることがある。日常品では，「冷蔵庫」を「洗濯機」と言ったり，「麦茶」を「抹茶」と言ったりする。これらは健常者の言い間違いであるが，日常茶飯事とはいえ，その生起頻度は低い。これが頻繁に起これば，失語症が疑われる。「テーブル」を「椅子」と言い間違える場合，語義失語症（超皮質性感覚失語）と診断される。しかし，これらをひっくるめて，言い間違われる語が心的辞書の中で近辺に配列されているから，というのでは，説明になっているとは言えない。

　ちなみに，語連合について付言すると，Skinner（1977, p. 1）は，誰

かが「ハウス」と言うとき，私たちは「ホーム」と言うことがあるという言語行動に言及し，それは私たちが「ハウス」と「ホーム」を連合しているのではなく，日常の言語運用において，それらが連合しているからだ，と述べている。つまり，「ハウス」の使い方と「ホーム」の使い方が結びついている言語場面が多いということである。

　本章では，心の存在を否定する。よって，存在しない心の中に辞書が存在するなどとは考えられない。繰り返しになるが，心は物体ではない。辞書は物体である。非物体の中に物体は存在しない。心的辞書は存在しない。もちろん，ゲストの久本雅美も多くの視聴者も「心の辞書」を比喩として受け入れたのであろう。次節のテーマである比喩は，それほど自然で，無意識的に言語行動に浸透しているということである。

　心的辞書ということばを最初に使ったのは，Treisman（1960）と言われている。爾来，その研究は脈々と続き，今日に至る。*The Mental Lexicon*（心的辞書）というタイトルの学術誌もあり，毎号，優れた論文が掲載されている。そのような中で，心的辞書が存在しないと言えば，批判ごうごうであろう。あるいは，たわごととして無視される。しかし，これまでその存在そのものが議論されることは稀であった。専門的で高レベルの心的辞書否定論は，Elman（2004; 2009）などに見られるが，本書の域を超えるので，以下では，要点のみを簡単に述べるにとどめる。関心のある読者は原論文を参照されたい。

　心理言語学では，心的辞書というシステムが存在するという前提のもと，そのシステムはどのような構造と内容と機能を有するかが議題となる。もちろん，心的辞書は独立しているわけではない。心的文法があり，心的書字法がある。さらには，心的修辞法や心的音素なども

考えられるかもしれない。もっと大局的になると，ことばを抜け出して，心的憲法，心的経済，心的倫理，心的大学，心的スポーツ，心的自然，そして心的心なども展開されるかもしれない。そうすると，心の中に何でもあり。どんなものでも心の中に存在し得るということになるのであろうか。

　心的辞書の論究では，しばしば脳内のシステムが話題となっている。すなわち，脳の中の辞書と心の中の辞書を同じものとしている。脳と心は同じではない。脳は物体なので，その中に辞書に書かれているような項目，物体が存在するというのであれば，そこには矛盾はない。実際，Caramazza（1996）は「脳の辞書」という用語を使っている。心的辞書に対して脳内辞書である。心は物体ではないので，その心の中に辞書のような物体があるといえば，おかしいが，物体の脳の中に物体の辞書があるといえば，そこに矛盾はない。しかし，脳内辞書とは何か。そのような辞書が実在するのだろうか。たとえば，Ullman（2004, p. 268）は，語彙知識を使う場合，主に脳左半球の側頭葉が活動すると述べている。だが，それは心的辞書が左半球側頭葉に存在するという意味ではない。語彙知識がどこに存在するかについての言及はない。

　それらしき示唆としては，Damasio et al.（1996）の研究が注目されている。旧日本失語症学会（現脳機能障害学会）の 1997-8 年の年次学会は，Damasio et al.（1996）の研究が脚光を浴びた。ブレークスルーとしてその研究からの示唆に期待が高まる。折しも，言語聴覚士法が成立されるというタイミングであった。この研究では，脳の一部に 1 か所の損傷がある 127 名の失語症患者が対象であった。実験では，327 個の事物の名前を口頭で答える課題が与えられた。327 の事物は，有名人，動物，道具というカテゴリーに分けられている。実験結果は，

97名が正常であり，残り30名が異常を示し，さらなる研究対象とし
て残った。注目すべきは，呼称成績が相対的にカテゴリー別に異なる
という結果である。低成績は，人名のみ7名，動物名のみ5名，道具
名のみ7名，すべて4名，人名と動物名2名，動物名と道具名5名，
そして人名と道具名0名であった。問題は，なぜ人名と道具名の両方
で低成績の失語症患者がいないのか，である。この答えには，はじめ
は少し驚かされる。それぞれのカテゴリーの呼称にかかわる部位が存
在するということである。人名は下側頭葉の左，動物名はその右隣，
道具名はさらにその右隣が責任部位であり，そこが損傷すると，相対
的にそのカテゴリーに属す対象の呼称が損なわれる。被験者は1か所
の損傷なので，損傷が下側頭葉左であれば，人名の低成績，その損傷
がさらに右にまで及んでいれば，人名と動物名の低成績，といった具
合の損傷部位に対応して呼称成績が影響を受ける。損傷は1か所なの
で，つまり側頭葉左と側頭葉右に飛び火してはいないので，人名と道
具名とが低成績になることはないというのが答えである。Damasio et
al.（1996）に基づいて，左側から見た脳左半球の人名と動物名と道具
名の責任部位を簡略的に図示すると，図2.4のようになる。

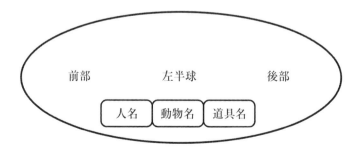

図 2.4　脳左半球の人名，動物名，道具名の呼称にかかわる部位
（Damsio et al., 1996 に依拠）

しかし，この結果は，脳内辞書がシソーラスのように語を分類して，たとえば動物群の中に「スカンク」などの項目があるということにはつながらない。語の呼称課題が，伝統的なウェルニッケ野とブローカ野のみに関与しているのではなく，下側頭葉もかかわり，しかも対象の特性によって，呼称という言語行動において責任部位が異なるということである。

　今日まで，言語行動パターンと脳の賦活部位の相関研究は膨大になっている。しかし，少なくとも今のところ，脳内辞書の同定はほど遠い。いわんや心的辞書は，その存在はどこにも示唆されていないと結論できる。

　では，行動主義的には心的辞書をどのように解釈するのか。行動主義は，言語行動を一般的な行動の延長線上にあると見なす。行動主義は原点に立ち返る。そもそも語の捉え方が異なる。ここで，「使う」という動詞を考えてみると，目的語は基本的に物体であり，道具であると考えられる。しかし，日本語でも英語でも「語を使う」という言い方は普通で自然に見える。しかし，Skinner（1957, p.7）は，それを不自然と見る。なぜなら，語は言語行動において発話された結果（記録）であって，それを道具のように「使う」と言うのはおかしいからと主張する。この指摘はもっともである。

　行動主義に基づいて，「先生」と「お母さん」の言い間違いを説明すると，つぎのようになる。まず，辞書項目として「先生」と「お母さん」が心的辞書の中で隣に並んでいるのではない。刺激としての「先生」の指示対象と刺激としての「お母さん」の特性が似ている。類似点として，女性，指導してくれる人，世話をしてくれる人，愛情を注いでくれる人などがある。相違点としては，家族である，他人である，

家にいる，学校にいるなどである。後者の相違点が薄れた状況では，刺激に対する反応としての「先生」と「お母さん」が入れ替わる確率が高まる。たとえば，教室で計算問題に夢中になっていて，ふと家庭での学習のような雰囲気になり，疑問が生じて，質問しようとして「お母さん」という反応をする。これを図示すると，図2.5のようになる。

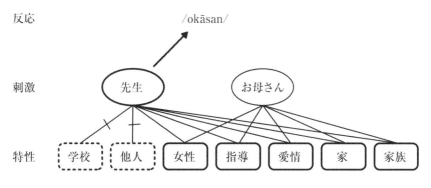

図 2.5　お母さんを「先生」と呼ぶ言い間違いの刺激と反応

図 2.5 は，子どものそばには先生と呼ばれる人物（物体）がいて，その場の状況が家庭場面に似ているという設定である。学校と他人という特性が弱まり，指導，愛情，家庭的雰囲気が高まると，「お母さん」という反応の確率が高まる。これは，心的辞書内に「先生」と「お母さん」という項目が隣に並んでいて間違えやすい，というチコちゃんの説明と大きく異なる。チコちゃんの説では，言い間違いの原因は，皮膚の内部にある心的辞書の構成にあるが，行動主義的には，皮膚の外にある先生とお母さんという刺激の類似性と場面にある。そこには辞書のようなものは存在しない。この行動主義的解釈のほうが正しいように見える。

第3節　比喩の中の心

　比喩は日常的な表現の中に満ち満ちている。その比喩表現は，自然すぎていて慣れ過ぎていて，とても見えにくい。見えにくい比喩を見ようとするのも本書の仕事の1つである。「比喩は見えにくい」も比喩である。比喩を使わなければ，「比喩は気づきにくい」になる。比喩が気づきにくい例として，英文法の語順に「文は動詞が中心で，主語は動詞の前に，目的語は動詞の後に置く」を見てみると，ここに2つの比喩が隠れている。1つは，前と後は，基本的には場所を表す。語を紙面に左から右に並べると，確かに主語は動詞の前に，目的語は動詞の後にある。しかし，紙面は，発話を目に見えるようにした工夫である。本来は，発話は時間の流れに沿って表出されるので，主語が動詞の先に，そして動詞，目的語が続くということになる。それをわかりやすく，比喩的に前，後で表現している。もう1つは，主語や動詞は，置物ではない。前に置くとか後に置くことはできない。これも，紙面上では，許されるだけでなく，わかりやすい。

　では，このような比喩の性質を考慮しながら，心がどのように比喩的に表現されているかをいろいろ見てみよう。

　本書では，行動主義によって心の正体を見ようとする。心の正体が見えない1つの理由は，「心」という語が比喩という衣裳をまとっていて，本体を隠しているからである。その衣裳は，怪人二十面相のご

とく，場面，場面で変わる。本節では，その衣裳を取り払う。つまり，比喩表現を原語表現に翻訳する。原語表現にすると，心はどうなるか。

　心は，そのほとんどが比喩的に使われ，その比喩は，びっくりするほどごく自然に受け入れられる。たとえば，第1章の『想い出のセレナーデ』の「愛がとどかない」は，愛を手紙あるいは愛の呼びかけなどの比喩表現として見ることができる。ラブレターがとどかない。ラブコールが聞こえない。しかし，そのような解釈が，愛の正体，心の正体を覆い隠しているとも言える。行動主義的な翻訳では，「愛がとどかない」は「自分が発出する刺激に相手が肯定反応をしない」である。漠然としているのみならず，ぜんぜんロマンチックでないので，歌詞でこの翻訳が採用されることはない。採用されないので，愛の実相が見えないままになる。

　第1章の『あの素晴らしい愛をもう一度』の比喩と取り払うと，同じ外的刺激に「美しいという反応をしない」という無味乾燥で殺風景な意味になる。これも，歌にはならない。しかし，このように情緒のない基本表現にすると，個人としての2人が長く同じような反応をし続けること，共感し続けることがむしろ難しいことがわかる。個人がそれぞれ独自に微妙な進化をしてゆく中で，やがて2人は，それまでとは異なる反応をしてゆくようになる。そうなると，2人があの素晴らしい愛をもう一度，経験することはもうできない。

　さて，心や感情の比喩表現は枚挙にいとまがない。たとえば，「子どもが生まれた」と「地震が起こった」という表現と「よいアイディアが生まれた」と「怒りの感情が起こった」という表現とを比べてみよう。前者が基本表現で，後者は隠れた隠喩表現である。「生まれる」や「起こる」の主語は，基本的には時空の中で実在する事物である。

子どもは実在する生物であり，母親という実在する母胎から生まれる。地震は実在する事象であり，地球のある地域という場所で発生する。それに対して，アイディアは物体ではなく，何からどこで生まれるか判然としない。しかし，常識的には，どこからともなく，心の中から生まれる。怒りも物体ではなく，どこで起こっているかはっきりしないが，これも心の中で起こっていると考えられている。しかしながら，ここで行き詰まり，心もアイディアも怒りもわからないままである。ほかの切り口を探してみる。

　ことばは文化の進化とともに進化する。ここで，ことばは言語行動を，文化は人間の行動の総体を意味する。言語行動が進化することは，語の用法も進化することを意味する。語の進化では，意味が拡散していることがわかる。「心」という語は，現時点でいろいろな意味をもつ。そのいろいろな意味も，心の正体を見えにくくしている。否，心の正体不明がいろいろな意味を持たせるのかもしれない。『広辞苑』では，心は「禽獣などの臓腑のすがたを見て，コル（凝）またはココルといったのが語源か。転じて，人間の内臓の通称となり，更に精神の意味に進んだ」と記載されている。これが正しいとすると，ことばの意味は心臓から心へと転用したと言える。その過程で，さまざまな語用論的展開があったと考えられる。心と胸がしばしば同義的に使われるのも，心臓を介してであることがうかがえる。心臓／胸／心がどきどきする。心臓／胸／心が痛む。胸／心がときめく。胸／心が高まる。胸／心が騒ぐ。胸／心が躍る。胸／心を打つ。心が泣く。この中で「心臓／胸がどきどきする」は物理的生理的現象で，「心がどきどきする」は心的現象であり，比喩表現と解釈できる。なぜなら，本来「どきどき」は鼓動を表現するからである。心が物体でないなら，鼓動することは

ない。「心臓／胸／心が痛む」では，「心臓が痛む」は生理現象で，「心が痛む」は心理現象，比喩表現である。「体が痛む」のは直接的に理解できるが，「心が痛む」は比喩というステップを踏んで，心を生命体のように比喩表現して解釈が成り立つ。「胸が痛む」は文脈に応じて両方の意味を持ち得る。「胸が躍る」は，同時に生理現象でかつ心的現象を表すことができる。「胸がどきどきする」も同様である。その意味では，心臓からじかにではなく，胸を介して心に転用した，すなわち比喩は，心臓→胸→心というように発展したとするほうが正しいかもしれない。ここでは，心臓という具体的な物体から心という正体不明の非物体が派生した可能性を銘記しておきたい。心臓は具体的であり，心臓移植はできるが，心は茫漠としていて，心の移植はできない。

　「心が折れる」は比較的最近の比喩表現である。女子プロレスラーの発言から広まったと言われている。「折れる」の従来の比喩的な意味は，「譲歩する」があり，「相手が折れてくれて，助かった」などの用法がある。これに加えて，「心が折れる」は，骨や棒のように喩えられる心がポキッと折れるイメージで，失望してがっくりした様子を表す。このような比喩は，聞き手に新しいイメージを引き起こし，すぐに受け入れられ，すぐに広まる。こうして見ると，比喩表現は，これからも無限に拡大してゆくと考えられる。さらに言えば，無限に存在する比喩表現を未来人が少しずつ発見してゆくと考えるべきであろう。

　なお，比喩的展開は，心に限らず，身近で具体的な物からとらえ難い対象へと総花的に起こる。たとえば，やり取りの対象は本来的には物品であった。「もらう」の用法としては，物品が基本である。しかし，

現在では，さまざま対象が目的語として使われる。お金をもらう。本をもらう。許可をもらう。げんこつをもらう。小言をもらう。元気をもらう。勇気をもらう。このように，目的語がお金や本のような物理的な物から元気や勇気のような非物体の感情までいろいろである。許可は，許可証のような物体と行動制約の解除という非物体の両方を意味するという解釈ができる。これは，許可証が行動制約解除という非物質的内容を具体的物理的に示す物質的対象物であるところから生じる。ここで気づくことは，辞書がすでに比喩表現も定義に含んでいることである。たとえば，『広辞苑』では，「与える」の第一義は「自分の物を目下の相手にやる」で，第二義は「影響・効果などを，相手にこうむらせる」である。この第二義は比喩表現における定義と言える。そして，行動主義が登場するなら，理論上，そのような比喩的定義も物理的な表現に翻訳可能であるということになる。しかし，比喩自体が見えにくいということは常に留意すべき点である。

　本題に戻ると，心もアイディアも怒りも物体ではない。非物体であれば，物体を動かすことはできない。たとえば，呪いも物体ではないので，「呪い殺す」ことを信じている現代人はいないであろう。しかし，ほんの数百年前までは大多数の人々がそれを信じていた。今となっては，驚くべき事実である。ところが，心やアイディアや怒りは，体を動かす動力源と見なす現代人が今でも多数を占める。「あの子の優しい心が慈善事業の職へ導いた」や「そのアイディアが彼を突き動かした」や「怒りが犯行へと追いやった」は，いずれも比喩表現であり，それぞれの主語は動力源となっている。物体を動かすことができない非物体が物体を動かしているという矛盾は隠れていて，誰もそこに矛盾があるとは思わない。もしくは，矛盾というほどではないと受け止

める向きもある。

　しかし，矛盾解消をめざして，突き進んでゆくと，行動主義になる。「怒りが犯行へと追いやった」を取り上げると，「怒った状態が断続的に続き，怒りが頂点に達し，つぎの行動の選択肢の１つとして犯行に至った」と言い換えられる。これは，比喩表現ではない。この表現では，怒った状態を動因と見なすことができる。それは，物体（人体）の状態であり，その状態から犯行という行動に到るということで，矛盾が消える。しかるに，「怒りが犯行へと追いやった」は，ことばの綾で，怒りという実体が犯行を起こすとは必ずしも信じているわけではない，という反論ができる。それに対しては，行動主義的には，単にことばの綾であれば，別に目くじらを立てることはないと答えるしかない。

　本節を終えるにあたり，「心と心のつながり」という表現とそれを取り巻く諸問題を検討する。この表現は人口に膾炙されている。しかし，「心」も「つながり」も比喩表現であることに気づいている人は非常に少ない。広辞苑の「つなぐ」の基本定義は，「糸・綱などで１か所にものを結びとめて離れないようにする」である。ゆえに「手と手をつなぐ」は基本表現である。「町と町をバイパスでつなぐ」はやや比喩的である。一方，「心と心をつなぐ」は，心は物ではないので，心は比喩であり，それを「つなぐ」ことも比喩ということになる。「心と心のつながり」を理解するためには，「心」と「つながり」がどのような比喩表現かを的確に把握する必要がある。そうすれば，悲しみや苦しみを客観的にとらえ，それらを軽減できるであろう。あるいは喜びや満足感を包括的に見据え，新たなる幸福の追求を続けられるであろう。ここでは，理想の心と心のつながりとは何か，どうすればそ

れに近づけるかを考えてみたい。

　心は物ではない。臓器ではない。器ではないので，知恵袋や堪忍袋などは実在しない。ゆえに，「心が爆発する」とか「心が折れる」とか「心が暖まる」などは比喩表現である。実際，心に度量や存在場所はない。では，心にまつわる表現の実態はどうなのであろうか。心とは，刺激に対する（脳を含む）体の反応を表す総称表現である。心は体の振る舞いの表現である。したがって，「暖かい心」は「体のほのぼのとして周囲を暖かくするような反応」の比喩表現である。また，心は物理的実体ではないので，物理的実体である（脳を含む）体を動かす動因ではない。脳と心の関係を，Searl（1983, p. 15）は胃と消化の関係として捉えた。これを援用すれば，消化が胃の活動を表すように，心は脳を含む体の活動を表す。

　つぎに，心と心のつながりは，無限の刺激群の中で互いの相手が重要刺激として上位に位置することを意味する。ゆえに，多くの心と心のつながりを持つことはできず，限られてくる。心と心のつながりの類義表現としては，相思相愛がある。それに該当するのは，夫婦，恋人同士，親友くらいに限定される。師と弟子の間にできれば理想である。

　問題は，その状態を長く維持できるか否かである。長く維持できない例としては，「去る者は日々に疎し」は物理的に離れると，刺激が徐々に弱くなることが指摘される。あるいは，絆が突然切れる場合も多々ある。相手という上位にある刺激が下降する。そこでは幻滅とか愛想が尽きるといった表現が使われる。

　そのような事態をいかに起こさないか。成功例は円満な夫婦や生涯の親友関係である。もちろん，円満な夫婦や生涯の親友も，常に順風

満帆であるわけはない。波風は立つ。人生，山あり谷あり。禍福あり。しかし，両者の健全な心，すなわち体の適正な反応がほころびを修復する。理想の体の反応については，身体的な健康に加え，高い教養，機微を感じる感度，広く寛容する度量が求められる。こうして見ると，夫婦や親友は，自然な成り行きというより，有形無形の努力によって意識的無意識的に形成される人間関係であると言える。「つながろう」や「絆を」のような標語は比喩をまとっている。それを解きほぐすと，ここで述べた実相が浮かび上がる。その実相が見えたら，とりわけ繊細で多感な若人の不安や悩みは大きく軽減され，幸福は大きく増幅されるであろう。

　次節では，「心」がどのように使われているか，夏目漱石の小説『こゝろ』を垣間見ることにする。はじめは，この文学作品において「心」の比喩表現がどのようであるかを見ようとして出発した。ところが，「心」を列記してみると，そこにはちょっと驚く結果が出現した。

第4節　漱石『こゝろ』の中の「心」

　日常生活で，「心」は高頻度語である。当然，その語は必要不可欠のようにみえる。ほんとうに，そうであろうか。本節では，夏目漱石（1867-1916）の『こゝろ』に出てくる「心」について考察する。『こゝろ』は 1914 年 4 月 20 日から 8 月 11 日まで朝日新聞に 110 回に分けて連載された。この小説は，「先生と私」，「両親と私」，「先生の遺書」の 3 章構成であり，はじめの 2 章は，学生である「私」という話者が主人公の「先生」を描き，第 3 章は，私に送られてきた先生自身の長い長い手紙で，そこに書かれているのは遺書であった。そこには，先生を自殺に追いやる恋愛，エゴイズム，孤独，惨めな宿命ともいえる悲劇が綴られている。

　分量からみると，はじめの第 1 章と第 2 章が前半で，第 3 章の「先生の遺書」が後半になる。しかし，「心」は前半部で 30 回，後半部の「先生の遺書」でほぼ 2 倍の 58 回使われている。以下では，紙幅制限のため，後半部でははじめの 30 例，計 60 例を引用する。

先生と私

1 さうして其上に彩られる大都会の空気が，記憶の復活に伴ふ強い刺激と共に，濃く私の心を染め付けた。

2 授業が始まつて，一ヶ月ばかりすると私の心に，又一種の弛みが出来た。

3 私の心は五分と経たないうちに平素の弾力を回復した。

4 もし私の好奇心が幾分でも先生の心に向かつて，研究的に働らき掛けたなら，二人の間を繋ぐ同情の糸は，何の容赦もなく其時ふつりと切れて仕舞つたらう。

5 然し私の心には何の同情も起らなかつた

6 先生が最後に付け加へた「妻の為に」といふ言葉は妙に其時の私の心を暖かにした

7 私は心の中で疑ぐらざるを得なかつた。

8 あなたの心はとつくの昔から既に恋で動いてゐるぢやありませんか。

9 「その信念が先生の心に好く映る筈だと私は思ひますが」

10 私は心のうちで，父と先生とを比較して見た。

11 私は籠を抜け出した小鳥の心をもつて，広い天地を一目に見渡しながら，自由に羽搏きをした。

12 私は私を包む若葉の色に心を奪はれてゐた。

13 其時私は先生の顔を見て，先生は果して心の何処で，一般の人間を憎んでゐるのだらうかと疑つた。

14 無論私自身の心が此言葉に反響するやうに，飛び立つ嬉しさを有つてゐなかつたのが，源因であつた。

15 私は先生の宅と此木犀とを，以前から心のうちで，離す事の出来ないものゝやうに，一所に記憶していた。

16 さうして心のうちで，何故先生の奥さんを煩はさなかつたのかを悔いた。

17 其位だから私は心の何処で，父に既に亡くなるべきものと覚悟してゐたに違なかつた。

18 私は実際心に浮かぶ儘を書いた。

両親と私

19 其卒業が父の心に何の位響くかも考へずにゐた。

20 それにしても此前父が卒倒した時には，あれ程驚ろいて，あんなに心配したものを，と私は心のうちで独り異な感じを抱いた。

21 私は帰つた当日から，或いは斯んな事になるだらうと思つて，心うちで暗にそれを恐れてゐた。

22 私は斯う云つて，心のうちで又遠くから相当の医者でも呼んで，一つ見せてやらうかしらと思案した。

23 さうして其言葉は母に対する言訳ばかりではなく，自分の心に対する言訳でもあつた。

24 私は心のうちで，其口は到底私の頭の上に落ちて来ないと思つてゐた。

25 私の哀愁はいつも此虫の激しい音と共に，心の底に沁み込むやうに感ぜられた。

26 然し父は私の心をよく見抜いてゐるらしかつた。

27 私は始め心のなかで，何も知らない母を憐れんだ。

28 私の心は此多量の印気（インキ）が，私に何を語るのだらうかと思つて驚ろいた。

29 私は心のうちで斯う繰り返しながら，其意味を知るに苦しん

50

だ。

30 心の落着きもなかつた。

先生と遺書

31 其時分の私は『それとも』といふ言葉を心のうちで繰り返す
たびにぞつとしました。

32 私は其時心のうちで，貴方を尊敬した。

33 子供らしい私は，故郷を離れても，まだ心の眼で，懐かしげ
に故郷の家を望んでゐました。

34 固より其所にはまだ自分の帰るべき家があるといふ旅人の心
で望んでゐたのです。

35 たゞ一つ其夏の出来事として，私の心にむしろ薄暗い影を投
げたのは，叔父夫婦が口を揃へて，まだ高等学校へ入つたば
かりの私に結婚を勧める事でした。

36 私は父や母が此世に居なくなつた後でも，居た時と同じやう
に私を愛して呉れるものと，何処か心の奥で信じてゐたので
す。

37 さうして心の中であゝ美しいと叫びました。

38 後から聞いて始めて此花が私に対する御馳走に活けられたの
だといふ事を知つた時，私は心のうちで苦笑しました。

39 私の心は沈鬱でした。

40 私の心が静まると共に，私は段々家族のものと接近して来ま
した。

41 さういふ時には，私の心が妙に不安に冒されて来るのです。

42 御嬢さんを考える私の心は，全く肉の臭を帯びてゐませんでした。

43 其上，それが互違に奥さんの心を支配するのではなくつて，何時でも両方が同時に奥さんの胸に存在してゐるのだと思ふやうになつたのです。

44 私は他を信じないと心に誓ひながら，絶対に御嬢さんを信じてゐたのですから。

45 眼の中へ這入る活字は心の底迄染み渡らないうちに烟の如く消えて行くのでした。

46 馬鹿にされたんぢやなからうかと，何遍も心のうちで繰り返すのです。

47 後姿だけで人間の心が読める筈はありません。

48 私は心のうちで常にKを畏敬してゐました。

49 知れはしないといふ安心と，知れたつて構ふものかといふ度胸とが，二つながらKの心にあつたものと見るよりほか仕方がありません。

50 凡てそれを私に対する好意から来たのだと解釈した私は，心のうちで喜びました。

51 Kの心も此所に置けば何時か沈まる事があるだらうと考へたのです。

52 使はない鉄が腐るやうに，彼の心には錆が出てゐたとしか，私には思はれなかつたのです。

53 然し心の中では，Kがそのために私を軽蔑してゐる事が能く解りました。

54 今迄書物で城壁をきづいて其中に立て籠もつてゐたやうなK

の心が，段々打ち解けて来るのを見てゐるのは，私に取つて
何より愉快でした。

55 私は思ひ切つて自分の心をKに打ち明けやうとしました。

56 私は仕方がないから一所に玄関にかゝりましたが，心のうち
では屹度断られるに違ひないと思つてゐました。

57 恐らく彼の心のどこにも霊がどうの肉がどうのといふ問題は，
其時宿つてゐなかつたでせう。

58 私は心の中でひそかに彼に対する凱歌を奏しました。

59 私はそれ迄躊躇してゐた自分の心を，一思ひに相手の胸へ擲
き付けやうかと考えへ出しました。

60 果して御嬢さんが私よりもKに心を傾けてゐるならば，此恋
は口へ云い出す価値のないものと私は決心してゐたのです。

以上からわかるように，「心」は頻出し，キーワードであることが示
唆される。そして，事実上ほとんどが比喩表現であると言える。し
かし，「心」がほんとうにキーワードと言えるであろうか。1から60
は，思いがけない結果を示している。引用中の傍点箇所は省略可能で
ある。その語句を削除しても文章の流れや文体を大きく損なうとは思
われない。その省略可能な「心」は，前半で30例中28例，実に93%
である。後半では，30例中24例，80%である。

　また，そのままでは削除できない場合でも，「心」をあえて使わな
くともよさそうな箇所もある。たとえば，11は11aのように書き換え
ることができる。

11 私は籠を抜け出した小鳥の心をもつて，広い天地を一目に見渡

しながら，自由に羽搏きをした。

11a 私は籠を抜け出した小鳥のように，広い天地を一目に見渡しながら，自由に羽搏きをした。

小鳥は人間のような心をもっていない。人間とは異なり，小鳥が広い天地を見渡すようなことはしないだろう。または，自由に羽ばたくのではなく，限定された行動をするだけである。ここには，漱石のナイーブなアニミズムが漂うが，ここであえて「心」を使う必然性がないことは明らかである。

　以上のことから，「心」が『こゝろ』のキーワードであるとは断じがたい。そして，本節の冒頭の，「心」という語は日常生活の中でほんとうに必要不可欠な高頻度語なのであろうか，という問いに対しては，否定的な答えになる。「頭」や「目」や「口」のような高頻度語の必要度は高い。これらの語を代用することは容易ではない。それらに比べると，「心」は必要度が低いのではないか。漱石は，故意に，もしくは無意識的に「心」を多用したのかもしれない。

　それを検証するために，近い時期に書かれた『それから』と比較してみよう。この小説は1909年6月27日から10月14日まで朝日新聞で，『こゝろ』と同様に110回の連載であった。したがって，分量もほぼ同じである。また，2つの作品を一言でまとめると，恋のもつれの悲劇であり，主人公の内的葛藤を巧みに描いていて，類似している。では，『それから』において「心」はどのくらい使用されているのであろうか。

　数え違いがなければ，答えは35回である。『こゝろ』の半数以下であり，統計的に有意な差がある（$\chi^2 = 22.83, p < .001$）。『それから』

においても，主人公の代助の心模様が主題であるはずなのに，この違いはどこから生じるのであろうか。『それから』の「心」を含む文のうち最初の 10 例を列記すると，以下の通りである。

① 彼は生の慾望と死の圧迫の間に，わが身を想像して，未練に両方を往つたり来たり苦悶を心に描き出しながら凝と座つてゐると，脊中一面の皮が毛穴ごとむずむずして殆ど堪らなくなる。

② けれども，三年間に起こつた自分の方の変化を打算して見て，或いは此方（こっち）の心が向（むかふ）に反響を起したのではなかろうかと訂正した。

③ さうして，心のうちで，自分は斯う云ふ態度が，幾分か此女（ゐしや）の慰藉になる様に感じた。

④ 其所迄来て，代助は自分ながら，あんまり性質（たち）が能（よ）くないなと心のうちで苦笑した。

⑤ 昔の自分なら，可成（なるべく）平岡によく思われたい心から，斯んな場合には兄と喧嘩をしても，父と口論をしても，平岡の為に計つたろう，又其計つた通りを平岡の所に来て事々しく吹聴（ふいちょう）したらうが，それを予期するのは矢つ張り昔の平岡で，今の平岡は左程に友達を重くは見てゐまい。

⑥ 旨い局所へ酒が回つて，刻下の経済や，目前の生活や，又それに伴ふ苦痛やら，心の底の騒がしさを全然麻痺して仕舞つた様に見える。

⑦ 代助の心の底を能く見詰めてゐると，彼の本当を知りたい点は，却つて此所に在ると，自（みづ）から承認しなければならなくなる。

⑧　が，今斯う云はれた時，どう云ふ訳か，不意に三千代といふ
　　名が心に浮かんだ。

⑨　代助は心のうちに，あるひは三千代が又一人で返事を聞きに
　　来る事もあるだらうと，心待に待つてゐたのだが，其甲斐は
　　なかつた。

⑩　さうして代助は自分の心のうちに，かゝる忌はしい暗示を受
　　けたのを，不徳義とは感じ得なかつた。

引用中，点を付した箇所はそのまま省略可能である。10 例中 8 例は
省略できる。残りの 25 例を加えて合計 35 例で見ると，26 例が省略
可である。約 75% が省略可となる。そのまま省略できない場合も，
前後の表現を変えるならば，ほとんどが「心」を使わずに済む。どう
しても省略できない例としては，話題が，次章で述べる二元論で心と
体に言及する場合である。つぎのくだりは，漱石も二元論に基づいて
いることを示している。

　　三千代さんは公然君の所有だ。けれども物件ぢやない人間だか
　　ら，心迄所有する事は誰にも出来ない。

女性を男性の所有物と見なす明治時代の風潮に違和感を覚えるが，多
くの読者は，三千代さんの体と心を分離していること自体に違和感は
ないのではないか。このような二元論において，対象となる「心」は，
当然ながら削除できない。
　このような例外を除き，ただ，ある程度コミュニケーションが成立
すればよいとするのであれば，「心」はほぼ必要ない。「心」の使用頻

度は作品によって異なる。『それから』において「心」の頻度が『こゝ
ろ』より低いのはなぜだろうか。答えは，『それから』では，「心」の
代わりに別の表現を多用している。最も多く使われているのが「腹の
中」の20回で，ほかには「頭の中」や「胸の中」が多く出てくる。

　ちなみに，なぜ『こゝろ』の中で，不用であり得る「心」が頻用さ
れているのか。それは，タイトルという刺激の効果ではないか。連載
小説では，先に書いた文章を修正することはできない。はじめに大雑
把な構想はあったであろうが，この物語が心をテーマにする必然性は
薄い。たとえば，『こゝろ』と『それから』のタイトルを交換しても
よいくらいタイトルとそれぞれの物語がマッチしていない。そうする
と，『こゝろ』では，「心」をキーワードとして多く使うべきだという
内的刺激が続いたのではないか。そのような刺激は，「心」を容易に
使うことができるという環境の中で「心」という反応を量産した。

　「心」の多用はどのくらい容易か。『こゝろ』のはじめの3ページで，
どのくらい「心」が挿入できるか，試みてみる。

1. 是は世間を憚かる遠慮といふよりも，其方が私［の心］にとっ
   て自然だからである。
2. 私は［心の中から］其人の記憶を呼び起すごとに，すぐ「先生」
   と云ひたくなる。
3. けれども友達は［心のうちでは］それを信じなかつた。
4. それに肝心の当人が［心の底より］気に入らなかつた。
5. 学校の授業が始まるにはまだ大分日数があるので，鎌倉に居
   ても可し，帰っても可いといふ境遇にゐた私は，［心の中で］
   当分元の宿に留まる覚悟をした。

6. 其中に知つた人を一人も有たない私も，斯ういふ賑やかな景色の中につつまれて，砂の上に寝そべつて見たり，膝頭を波に打たして其所いらを跳ね回るのは［心が］愉快であつた。

7. 其時私は［心が］ぽかんとしながら先生の事を考へた。

8. ［心の中では］どうも何処かで見た事のある顔の様に思はれてならなかつた。

9. 其時の私は屈託がないといふより寧ろ［心は］無聊（ぶれう）に苦しんでゐた。

引用中，角括弧が原文に付加した箇所である。この調子で最後まで続けるなら，450箇所くらい追加が可能になりそうである。もちろん，多用しすぎると，冗長になり，目に余るが，そこは目をつむる。

　「心」がこのように頻用可能なのは，漱石の作品に限らない。小説に限らない。日常生活において，「心」は自然に使われたり，不自然に使われたり，使われ得る文脈で使われなかったりしている。「心」は神出鬼没と言ってもいいかもしれない。子どもがこの語を学習するのは難しいのではないか。岩淵・村石編（1976）『幼児の用語』は，3人の幼児の1歳から5歳までの表出語彙を調査した結果をまとめているが，「こころ」は観察されていない。観察されている語としては，「人間，顔，歯，感じ，夢，考える，思う」などがあり，5歳を過ぎて，いつごろから心が登場するのか，現時点では資料がない。

　まとめると，「心」は必要不可欠なことばではない。それは，レトリックとして効果的に使用されるが，基本的なコミュニケーションを成立させる場合，あってもなくてもよい語である。さまざまな文脈で，「心」は神出鬼没であるように見える。しかし，神出鬼没というより，恣意

的というべきか。なぜなら，「心」の使用者は，たとえ文豪といわれる人々でさえ，心の正体が見えないからである。

❀ 付録　刺激と反応の連鎖 ❀

「動物」は動く物と表記される。ここで，動くことを行動と定義する。その動きを起こす変数を独立変数と呼ぶ。式 y = ax + b では，y は x の関数であるが，y を従属変数，x を独立変数と呼ぶ。この式では，a は係数で，b は定数なので，従属変数 y を行動とすると，その値は独立変数 x によって変わる。そうすると，本節での主張は，x は心ではなく，刺激であるということになる。行動 y は，心によって変わるのではなく，刺激によって変わる。なぜなら，人間という動物，言い換えると物体，が心という非物体によって動くということはあり得ず，刺激という物体に反応する，それが動くという意味である。なお，1963 年のノーベル生理・医学賞受賞者の Eccles（1999）は，心が物質であり，量子力学的に物質としての心が実在する可能性を述べている。しかし，現時点でその科学的証拠はない。まず，心は非物質であると見なす。そうすると，そういう実体が体のどこか，脳のどこかに実在するとは考えられない。しかし，ここで直ちに心が実在しないと結論づけられない。なぜなら，物質物体であることは，実在するための十分条件であるが，必要条件ではないからである。

行動主義心理学は，刺激と反応と偶発強化で行動を説明する。簡略化すると，刺激と反応（行動）がすべてである。刺激は Stimulus（S），反応は Response（R）なので，S-R 理論と呼ばれる。これは，いかにも単純に見える。Miller et al.（1960）は，行動主義は S と R の間にハ

イフンしかないのが問題であると批判した。要するに，刺激と反応の間が空っぽであるというのである。そうではなく，S-M-R のように Mind（M）が介在しなければなければならないと考えている。しかし，行動主義では，ハイフンが要で，M が不要であるところが，まさに新知見なのである。刺激は神羅万象,さまざまである。Skinner（Catania & Harnad, 1988, p. 282）は，人間の外部だけでなく，皮膚の中すなわち人間の内部にも刺激があると考える。すなわち，皮膚の中にあるのは心でなく，刺激である。要するに，実在するのは刺激と行動のみである。S-R なのである。心という M は S と R の間に実在しない。実在するのは両者をつなぐハイフンであり，多くの人々は，そのハイフンを誤って，心と解釈する。このような知見は，ネズミやハトの実験から発展してきている。もちろん，行動主義者は，人間の行動がネズミやハトの行動原理に完璧に還元されるとまでは考えていない。しかし，Skinner（Catania & Harnad, 1988, p. 322）は，異種間に共通の行動原理は多いと述べる。

　認知主義者と行動主義者は同じ現象を異なった見方をする。パブロフの実験では，空腹の犬がベルの音を聞き，それからエサが与えられる。これを何度も繰り返すと，犬はベルの音を聞くと，唾液を垂らすようになる。これを，認知主義者は，犬がベルの音とエサを連合したと言う。しかし，Skinner（1977）は，ベルの音とエサを連合させたのはパブロフだと言う。犬はベルの音を聞くと，ただ唾液を分泌するようになるだけだと言う。

　Skinner の行動主義は S-R 理論にとどまらない。ネズミなどを使って膨大な数の実験をおこなっているが，簡単な事例を見てみよう。空腹なネズミが実験箱の中にいる。時おり，突き出ているレバーを偶発

的に押す。そうすると，エサが出てくる。それを食べる。そうすると，つぎに同じような条件では，レバーを押す確率が高くなる。これを繰り返すと，空腹条件で，すぐにレバーを押す。これをオペラント条件づけと呼び，単純な自然事象と捉える。一方，認知主義者は，ネズミがエサを得たことによって，レバーを押せばエサが得られるということを学習し，その知識を得たと見なす。行動主義にしてみれば，その事象は偶発的な強化であるが，認知主義者がネズミを擬人化している。

第3章
心と体

第1節　人は心と体からできているのか

　デカルト（1596-1650）は，心と体を独立した実体と考えた。体が
なくとも，心は存在し得る。心がなくとも，体は存在し得るが，それ
は抜け殻である。心があるから，人はある。ゆえに「我思う，ゆえに
我あり」である。心が主で，体が従であり，心が体を動かす，制御する。
このような考え方は，あまねく流布し，常識となっている。「心は身
の主」ということわざは「心が体の主人で，体は心のままに従って動
く」という意味であり，その常識を支えている。Russell（1922/1971, p.
137）は，心と物質（体）の二元論は形而上学的に妥当でないと断じ，
後述するように，Damasio（1994）は，神経生理学的にデカルトの二
元論の誤りにハイライトを当てているが，これらの反論が一般の人々
には受け入れられていないのが現状である。本章を刺激として，反二
元論者が増え，世の中がもっと明るくなることを希う。
　中島敦（1909-1942）の『悟浄出世』につぎのくだりがある。

　　妖怪の世界にあつては，身体と心とが，人間の世界に於ける程は
　　つきりと分かれてはゐなかつたので，心の病は直ちに烈しい肉体
　　の苦しみとなつて悟浄を責めた。

これによると，人間の世界は，デカルトの二元論であり，心と体が独

立に存在してはっきりと分かれる。妖怪の世界は，それほど分かれていない。どのくらい分かれていないかわからないが，心と体が混然一体となっていれば，一元論といえる。しかし，はっきりと分かれていないという状態がはっきりしない。デカルト派では，心と体が明白に分離しているが，密接に結合し，混ざり合っているという見方もしていて，あたかも妖怪の世界のようでもある。

　もし妖怪の世界が一元論なら，そこに心と体という2つのことばを使う必要はない。既存のことばを使うなら，心か体かどちらかになる。行動主義は体を採用して，人間には，体のみしか実在しないとする。その対極の唯心主義では，この世は心しかない。これらをまとめると，図3.1のように表される。

図3.1　心と体の関係

デカルトの場合，図3.1の二元論で，心が主，体が従である。妖怪の世界は一元論で，心と体が合体している。心の痛みがじかに体の痛みとなる。逆もあって，体の痛みがじかに心の痛みになるだろう。これを一元論と見なし，心 / 体を体にすると，行動主義になる。心 / 体を心とすると唯心論になる。

　では，これ以外のモデルがあるかどうか。ゼロ元論は，人間のいない世界なので，宇宙のいたるところにあっても，今ここの人間の世界にはない。三元論は，体と心以外に第3の実体があるかということにかかる。たとえば，体と心の両者を超えて制御する実体を想定できる

であろうか。

　武者小路実篤（1885-1976）『お目出たき人』のつぎの文章を見てよう。

　　　勇士々々！　自分は勇士だ！
　　こう心に叫んだ。そしてや、もすると女々しい感じが心に流れ込
　　むのをふせいだ。

　　　しかしその忠僕のような誠心を以て叔父を愛することの出来ない
　　自分は，心に責められながら，なるべく本当らしく叔父の気やす
　　めを云うより外仕方がなかった。

最初の引用部分では，誰が誰に叫んだのだろうか。自分という本体が
分身の心に「自分は勇士だ」と叫んでいる。そこには，三元論の自分
と心と体があることになる。そのつぎの引用文では，分身の心が本体
の自分を責める。自分は常に心と体を統括し，心と体に指令を出すわ
けではない。逆に，心が自分を責める。しかし，三元論であると見る
ことができる。そして，このような自分と心と体の三元論は見えにく
い。イメージすると，図 3.2 のようになる。

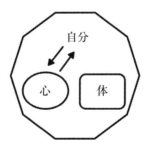

図 3.2　『お目出たき人』の人の三元論

図3.2では，十角形が人を表し，その人は自分と心と体からできている。三元論は見えにくい。見えにくいのみならず，自分と心の関係がわかりにくい。否，わかりにくいというより，謎である。

　もう1つ，武者小路実篤の『真理先生』の主人公のことばに三元論ではなく，四元論が見え隠れしている。

　　　尤も顔や，身体の出来のよしあしに就いては，いろいろ注文したい事もないとは言えませんが，人間であることに不服はないわけであります。私はそれ以上，人間の心の出来に不服を持たないものです。人間の心がどうつくられているか。私はそれを自分が十分知っているとは思いませんが。しかし私の知れる限りでも，人間の心はよく出来ていると思うので（私はその点，殊にありがたいと思っているので），その結果，私は人生は肯定できるものではないかと考えるようになり，今日までその為に生きて来たわけです。

真理先生は，心を作られる実体として見ている。そして，その心はよく出来ていて，それゆえに心に従ってなされる人間の営みが肯定できると考えている。心がよくできているので，それに従って行動する生活もよい。ここでは，心が主で，体が従の二元論のように見える。しかし，自分が登場するので三元論である。その自分は心を十分には知っていない。しかし，そう判断するのは私である。そうすると，その判断をする私が登場する。これは四元論の世界であり，図示すると，図3.3のようになる。

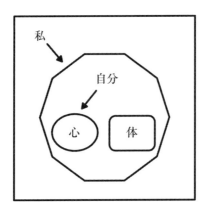

図 3.3　『真理先生』の人の四元論

　図 3.3 では，十角形は人ではなく，自分という実体であり，それを包む大きな私という四角形が人を表している。しかし，私と自分の関係が不明瞭であり，さらなる謎である。図 3.2 と合わせて謎が謎を呼ぶ。

　まず，図 3.3 について，一般的なコメントとしては，自分と体の関係は何となくわかるが，自分と心の関係が不明である。自分も心ではないのか。もしそうなら，本体の心と分身の心があることになる。なぜ 2 つも必要なのか。そのような抽象的実体は，必要性がなければ，そして心に包摂され得るなら，余分な概念になる。一方で，逆に心に注目すると，この三元論の心および図 3.1 の二元論において，心が 1 つで済むかという問題を惹起する。多くの場合，心が原動力となる。心が指令を出して体を動かす。つまり，人は，心というこびと（ホムンクルスあるいは分身）を有し，そのこびとが指令を出して，体が動く。しかし，そのこびとに誰が指令を出せという指令を出すのか。こびとの中の心というこびとである。そして，そのこびとの中にこびとがいる。こうして無限にこびとの中にこびとが包摂されるという理屈

になる。これは，不可解であり，非現実的であり，誤りということになる。

　つぎに，図3.2と図3.3を比べると，自分を包摂する私が想定される。そして，さらに大きな自我が考えられるかもしれない。そしてさらに大きな，例えば神の存在があるかもしれない。さらに神の神，という具合に，こちらは無限に大きな自我にかかわる実体の存在の可能性が出てくる。これも，不可解であり，誤りという判断をせざるを得ない。

　では，図3.1の二元論，図3.2の三元論，図3.3の四元論，さらにはそれ以上の多元論を否定すると，残りのどれが真なのか。本書は，人が体から成るとする行動主義を主張する。行動主義は，行動を説明・予測するためには心は不要とする。論としては稀薄であるが，進化論で，ネズミから人間まで連続的であると考えると，心を持たないネズミと心を持つ人間の間に断絶がある。それをミラクルといって片づけるのではなく，連続性があると仮定する。そうすると，ネズミに心があり，人間も心を持つとするか，両者とも心がないとするか，いずれかである。行動主義は後者を選ぶ。もしネズミに心があるとすると，ゾウリムシにも心があるか，なければ，進化の過程のどのレベルで心が誕生するか，という難問が待ち構えている。行動主義は，そのような問いそのものが誤りであるとする。しいて答えるなら，心はないので，ない物は誕生しない。あるいは，問いが誤りなので，「どのレベルで心が誕生するか」のという問いには「正しい答えはない」が正解である。

　図3.3は行動主義的な解釈に反する。図3.3は，ことばの綾にすぎない。真理先生の「私はそれ（心）を自分が十分知っているとは思いませんが」ということばを行動主義的に翻訳すると，単に「私は心を

十分に知っていません」となる。この「心」は外的刺激で体の外にある。たとえば,「私は宇宙を十分に知っていません」と同じような関係である。

　図 3.2 の行動主義的な解釈は単純素朴である。何らかの刺激を受けて「自分は勇士だ」という内部反応が起こったということである。「こう心に叫んだ」は「このようなことばが活性化された」になる。しかし,何らかの刺激とは何か。これは,お目出たき人の個人史およびその場面の状況の詳細な分析なしには示すことができない。この内部反応を文学的に装飾すると,「心に自分は勇士だと叫んだ」という具合になるが,行動主義では,声帯を振動させない「自分は勇士だ」という言語行動が起きた,になる。つぎに,「自分が心に責められる」は,単に「否定的な反応が起こる」になる。これは茫漠としているが,原文自体も意味は判然としない。原文が判然としなければ,訳文も判然としない。

　図 3.2 と図 3.3 は幻想である。もしくは,少なくとも心を包含する大きな実体として表す必要はない。図 3.3 は,図 3.1 の二元論の拡大版として図 3.4A のように表しても,同じはずである。また,行動主義的には,図 3.3 は,「私」を表す四角,自分を表す十角形,心を表す丸,これらすべての怪しい,ときにむさ苦しい外套を脱ぎ捨てれば,図 3.4B のように,すっきり爽やかになるのではないか。

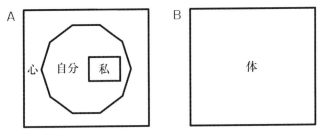

図 3.4　こびとを含む心の二元論と飾りのない一元論

他方，唯心論主義は，心がすべてであって，心がなければ，存在するのは無機質な世界というようになる。しかし，これも，動物はどうか，という疑問が残る。さらに，その心はどこから生まれたのか，何からできているのか，という疑問が生じるが，いずれの疑問も誤りであれば，答えはない。

❀ 付録　根強い二元論 ❀

　現代においても，主流は，依然として二元論であり，心が主で，体が従である。それを基軸とした2つの事例を挙げ，行動主義がどのくらい奮闘できるか，その奮闘ぶりを見てみよう。

　まず，これは，二元論を前提とすることわざである。出典は，ローマの風刺詩人ユベナリスと言われている。身体の代わりに，肉体となる場合もある。

　　健全なる精神は健全なる身体に宿る

これをわかりやすく言い換えて，体が健全であれば，それに伴って心も健全である，を命題とする。多くの人は，これを無条件に真として信じて疑わない。そして，このことわざを検討すると，二元論が正しいという結論に至るかもしれない。このことわざ自体，いろいろなケースを想像してみても，偽である。体が健全な泥棒，強盗，ペテン師は多いのではないか。ある泥棒の脳に損傷があり，悪事を働いたという判例はあるだろうが，脳も健全であっても，ある刺激に対して偶発的に誤反応をするという判例も少なくないはずである。

このことわざの逆，対偶，裏を考えてみよう。対象は，健全な体，不健全な体，健全な心，不健全な心である。列記すると，つぎのようになる。

ことわざ	健全な体	→	健全な心
逆	健全な心	→	健全な体
裏	不健全な体	→	不健全な心
対偶	不健全な心	→	不健全な体

ことわざが偽であれば，対偶も偽のはずである。不健全な心としては，悪事を働く反社会的な人物などとする。そのような人物も，体が健全であっても不思議はない。悪事を学習し，それを繰り返すうちに頻度効果によって，悪事が好きになった可能性もある。

　逆も，明らかに偽である。聖人，高僧，有徳の人も不治の病を患う。裏も偽である。病床に伏しても，高い道徳心，強い正義感，高邁な理想を維持し続ける人は少なくない。

　以上をまとめると，ことわざとそれにかかわる推論は誤りであるが，これらはいずれも心と体が独立していること，すなわち二元論が成立することを示唆する。

　しかし，異議あり。上では，「体が健康な泥棒」と述べたが，脳に機能障害があり，精神障害を呈していれば，裏の「不健康な体→不健康な心」が真になる。さらには，「不健康な体＝不健康な心」になる。そうすると，対偶も消えてなくなる。また，体が社会的規範上，正しく健全に振る舞い，それを心が健全であると表現するならば，「健康な体＝健康な心」であり，逆は消えてなくなる。かくして，二元論は

否定される。脳に障害がなく，悪事を繰り返す場合，社会通念上，健全な脳を有しているとは言い難く，よって同様に二元論は否定できる。

　つぎに，松尾芭蕉の俳句を見てみよう。

　　旅に病で
　　　　夢は枯野をかけ廻る

夢は心と置き換えられる。体は病床にあっても，心は体から遊離して野山に遊ぶ。デカルト的な解釈では，死の病床であっても，芭蕉の本体の心は枯野をかけ廻っている。唯心論では，心がすべてであり，病床にいるのは抜け殻である。芭蕉の本体の心は，これまでどおり，野山をかけ廻る。ここにも，二元論であれ，唯心論であれ，見えにくい比喩のトリックがある。そこでは，心は，物体ではないと見なされている。その非物体が野山という物理的な空間で，かけ廻るという物理的行動をしている。矛盾である。そうではなく，心が物体，生物，人間，すなわち自分の分身として表現されているのだとする。その場合，本体が病床にある状態で，分身はどうやって本体から抜け出て，野山をかけ廻ることができるのか。

　これらに対して，行動主義においては，芭蕉が死の病床にあっても，まだ旅を欲している，というだけのことである。そこには，心も分身もない。病気で寝ている子どもが外で遊びたいと言っているのとかわりない。

第2節　一遍上人の歌の謎

　大岡信（1931-2017）は『朝日新聞』連載の「折々のうた」（1979-2007）で，一遍上人（1239-1289）の歌（1996年12月7日）を取り上げ，つぎのような寸評をしている。

　　いにしえはこゝろのままに従いぬ　今はこゝろよ我に従へ

　　『一遍上人語録』所収。西暦十三世紀の日本は，思想家・宗教家の黄金時代だった。親鸞，道元，日蓮，一遍ほか。みな大文章家だったが，一遍はわけても傑出した詩人だった。ところでこの歌，ぎょっとするようなことを無造作に仰せになるものである。かつては，心が命じるまま服従したが，今は違う。心よ我に従えと。しかし，「従へ」と命じる者はまさに心のはず？　もし心でないなら誰？

確かに，一般的に心は常に主であるので，「従へ」と命じる者は心である。大岡信も，図 3.1 の心が主の二元論を前提にしていたのかもしれない。それゆえ，一遍上人がわが心に「我に従え」と命じることに驚く。しかし，柔軟に，図 3.1 の二元論にかかわりながらも，いにしえは，心が主で，従者の体が心に従っていたが，時が過ぎた今は，体

が主なので，心よ，体に従え，と言っていると理解することができる。体の赴くまま，思考や感情など心をわきに置き，自然体で行動せよということであろう。若いころは，読経が終わりに近づき，喉は渇き，体は疲労困憊していても，心が続けろと指令を出すので，続けていた。しかし，今は高齢となり，体が主となり，体が休もうと言えば，心もそれに従い，休む。これは，歴とした二元論のようにも見えるが，常に心が主であるとするデカルトとは違う。時の流れとともに，主従が逆転するという一遍上人の慧眼は，その真偽のいかんにかかわらず，瞠目に値する。

　一遍上人の歌は二元論に基づいているのであろうか。この歌の背後にある鋭い洞察の前提として，心と体の相互作用がある。心と体が対話する。このような対話は，図3.2の『お目出たき人』の人の三元論に当てはまる。この三元論では，一遍上人の歌の謎は，そのまま解ける。いにしへは，自分は心のままに従っていた。しかし，今は成長した。だから，今は心よ，自分に従え。一遍上人の人生では，自分と心とが潜在的に競合していた。ただ，勝負は明白で，野球やほかの競技にしばしばみられるように勝ったり負けたりではなく，若いころは，ずっと心が一貫して優勢で，自分は常に負けていた。後年になって，それが逆転する。自分という実体が存在し，そこに心と体が存在する。大岡信は，このような三元論にぎょっと驚いたと言える。驚いたのは，二元論が当然で，それ以外にないと思っていたからであると言えよう。

　このような三元論は，文学作品のみならず，スポーツ界にも見られる。柔道などの試合で，「自然体で臨む」と表現する選手が多い。自然な体の動きを重視したいという意味であろう。比喩的には，「心の

声を聞け」ではなく,「体の声を聞け」である。心の声を聞くのは図3.2
の自分であり, 体の声を聞くのも自分である。マラソンレース終了後
のインタビューで「30キロ地点では, 体と相談しながら走りました」
という選手は多い。トップランナーのことばは重みがあり, 説得力が
ある。このことばでは, 自分と体との間の相談で, 自分が主, 体が従
になっている。しかし, これでは腑に落ちない。自分が主ではあるが,
それが体を制御するうえで, 体の状態が大事なので, 体からの状態の
報告を受けて, 30キロ地点で以降の走り方を決め, 体に命令し, そ
れに体が従うということになる。実際に, このような回りくどいこと
が起こっているのであろうか。

　ここに, 行動主義いざ見参。これらの事象を行動主義から見ると,
どうなるか。行動主義者は, ランナーの「30キロ地点では, 体と相
談しながら走りました」といった内省報告を信用しない。自分が体を
従わせるというような解釈はしない。リンゴがテーブルの上にある。
空腹である。そうすると, リンゴを食べることを目的として, 自分が
体に「テーブルに近づき, 手でリンゴをつかみ, 口元へ運べ」と命令
する, というのではない。体が反射的に反応して, テーブルに近づき,
リンゴをつかみ, 食べる。ネコがエサに近づいて食べるという行為の
延長線上にある。ネコという自分が, エサに近づき, 安全を確認した
うえで, 食べろ, といった命令をして, 体がそれに従うということで
はない。反射ということで片づける。反射の精緻なメカニズムは, 神
経生理学に委ねる。これが行動主義的姿勢であり, 解釈である。

　一遍上人の歌では, 若いころは,「読経は最後まで行え」という教
えが自分史の中に蓄積された先行経験としてある。それが内部刺激で
あり, 読経を完遂するという反応をしていた。老年期になると,「読

経は最後まで行え」という内部刺激は弱まり，「体優先で，無理をするな」というような先行経験が加わる。この新たに加わった内部刺激が「読経は最後まで行え」という内部刺激を凌駕し，読経を途中で終える。

　マラソンでは，30 キロ付近を想像してみると，選手は速度を上げるか，維持するか，下げるかの 3 通りの可能性の中で，体が限界であれば，下げるしかない。その場合，レースを終了して，あのとき，体からの信号またはメッセージを自分が受け取り，速度を緩めたという物語を作ることは極めて容易であり，また自然的でもある。しかし，行動主義的には，そのような物語は不要である。体の限界という刺激の中で，速度を落とすという反応をしただけである。もちろん，その減速という反応をつぎの新たな内的刺激として，それに作戦的減速という反応を起こし，それをインタビューで自分と体の対話というように表現することを否定するわけではない。また，もし 30 キロ付近で余力があれば，先行刺激の「早く走れ」に反応して，余力に応じて速度を上げたり，維持したりするということになる。行動主義では，行動を説明すると言っても，往々にこの程度の説明にとどまる。

　認知科学者は，それは説明ではなく，記述にすぎないと言う。認知主義では，本体としての心，行動主義では本体としての体ということになる。認知主義では，本体としての心の中に分身としての心がある。つまり，心の中に心があるが，両者の違いが不明である。なぜ 2 つ心があるのか不明である。

　本章冒頭の「心は身の主」ということわざは，心が主で，体が従であると見なしている。「心頭を滅却すれば，火もまた涼し」ということばは「心の持ちようで，苦痛を感じないというこが可能である」と

解釈される。ここには，いくつかの矛盾が隠れている。行動主義者は，当然，このことわざを信じない。唯物的には，心頭など実在しない。仮に二元論を認め，心頭が実在するとしてみよう。比喩ではなく，文字通りに解釈すると，心頭を滅却するとは，心頭が滅んで消失するという意味なので，残る体は脳死状態ということになる。しかし，その残った体は，火にあたれば，熱い。そのままにすれば，焼失する。体も滅却することになる。心頭を滅却しても心は残るとすれば，それはまさに矛盾である。そもそも，非物体の心は，物理的な熱を感じないはずである。さらに仮に，非物体の心が涼しいと感じるとしても，滅却した心がどうして涼しいと感じるのか。それも矛盾になる。非物体の心は物体の体に影響を及ぼすことはできない。

第3節　行動主義者と認知主義者の対話

Russell（1921/1971, p. 15）は，およそつぎのように述べている。

> 私が夕食の招待状を受け取る。その招待状は物理的実体である。しかし，その招待状に書かれている内容を理解することは，心的である。ここには，物体の心におよぼす効果がある。つぎに，招待状の内容を理解した結果，私は，決められた時刻に食事会に行く。これは，心の体におよぼす効果である。

その上で，ラッセルは，物体と心を峻別せず，中立的実体の存在を示そうとする。類い稀な哲学者でかつ数学者に反駁を加えるのは少し気が引けるが，少なくともこの夕食の招待状の件は誤りである。同じ状況は，行動主義的につぎのように記述できる。

> 私が夕食の招待状を受け取る。その招待状は物理的実体である。その招待状に書かれている内容は招待者の物理的反応である。ここには，刺激・反応の連鎖がある。つぎに，刺激となる招待状の内容に反応した結果，私は，決められた時刻に食事会に行くという反応をする。これも，刺激・反応の連鎖である。

ラッセルの誤りは，「心的」の定義なしに，招待状の理解が心的であると見なすところにあるのではないか。行動主義的には，心的は内的反応である。内的とはどこか。スキナーによれば，皮膚の内側である。このような認知主義と行動主義の見方の違いは，概して分かりにくい。以下では，限られてはいるが，若い認知主義者と老練な行動主義者との対話から，両者の見解を味わってみたい。

記者　本日はお忙しいところ，ありがとうございます。人間にとってとても大事な問題，心の問題について専門家お2人の見解をお伺いしたいと思います。名誉教授で現在もご活躍中の行動主義心理学者と現役バリバリの認知心理学者のお2人です。

　　　私どもの理解では，デカルトが心は体と遊離していて，体が死んでも心は不滅であるとか，心が体を動かすと言っていますが，それは正しい主張でしょうか。端的に，心とは何でしょうか。本日は，ぜひ心の正体を明らかにしてほしいと思います。

認知主義者

　　　学部の講義で，デカルトは，心と体の関係を船長と船の関係に喩えたと習いました。Broadie（2001）によると，デカルトは，心の本来の機能は体を動かす原動力でなく，考えることである，と考えていたようです。その上で，心は体と切り離されていて，よって心は不滅である，と考えるに至ったようです。そもそもデカルトは神の存在を信じています。しかし，Gorham（1994）が指摘するように，デ

カルトは，心が体を動かすと主張します。だから，心と体の関係は，船長と船の関係に喩えられるんです。でも，今風に言えば，プログラムとコンピュータのほうがぴったりじゃないですかね。

行動主義者

　船長と船の喩えはおかしい。船長は物体だから，その物体が船を動かすというのはよいが，デカルトによれば，心は非物体であり，その非物体が体という物体を動かすというのは，魔法じゃないかね。プログラムも物体だから，コンピュータを動かして，結果を物体としてプリントアウトしているので，心と体の関係に似ていないね。そもそも，たんぱく質や脂質などの高分子からなる細胞の集まりである体は，金属やセラミックからできたコンピュータ本体とは大違いだろ。コンピュータ本体が痛いとか疲れたので休みたいとか言うかね。

　ともあれ，僕ら行動主義心理学者は，いろいろな学派に分かれるけれど，心という用語を使わないことでは共通しているんだよ。心は不要だから。心理学は，行動の科学であって，心の科学ではないから。その意味では，日本語の「心理学」という用語は残念だね。行動科学とか行動学のほうが適切なんだけど。

認知主義者

　心が不要などとは，おかしいでしょう。現に，人は心をもっているのだから。

行動主義者

　　心を持っているというのが曲者なんだよ。「持っている」
　　の目語語は，実在する物体が普通だけど，心は物体ではな
　　いよね。

記者　心は非物体ということは，正しいですか。行動主義では，
　　心をどのように捉えているのですか。

行動主義者

　　Searl（1983, p. 15）は，体と心の関係は，胃と消化の関係
　　にすぎないと言っています。脳と脳の活動との関係と言い
　　換えるほうがわかりやすいと思うけれど。消化が心に相当
　　するとか，脳の活動が心なら，別に心ということばを使わ
　　なくても，消化とか脳の活動と言えばいいんじゃないです
　　かねえ。そして，この喩えが適切なら，心が体を動かすと
　　いうのは誤りになるよね。消化が胃を動かすというのは変
　　だし，脳の活動が脳を活動させるというのは，同語反復で
　　すよ。また，心が非物体か否かという問いは，正しい問い
　　か，という疑問があります。消化が非物体か，という問い
　　は不自然でしょ。消化は，胃という物体の活動としか言い
　　ようがないのでは。だから，心が不滅などとはとんでもな
　　い。胃が死んだら消化など起こらないし，脳が死ぬという
　　ことは，脳が活動しないということですよね。脳の活動が
　　不滅ということは，考えられない。体が死ねば，心も死ぬ。
　　理の当然じゃないですか。

記者　うーん，まさにそうですね。目からうろこです。

認知主義者

　　ふーむ。いやいや，デカルトが意識は非物体と言っている
　　ので，やっぱり心は非物体でしょう。この点は僕の見解で
　　すが，認知科学では，心は非物体として定義できると思い
　　ます。あるいは，その中核的論点は不問に付しているかな。
　　それはさておき，さっきの船長と船の関係やプログラムと
　　コンピュータの関係は撤回します。さっきまでは，それで
　　別に問題ないと思っていましたが，今はむしろ，心は，プ
　　ログラムの基となるプログラミング言語に似ているという
　　ほうが的を射ているかなと思います。プログラミング言語
　　は非物体です。その非物体である記号を合理的に組み合わ
　　せ，無限の新知見を生み出すことができ，それを物理世界
　　に応用します。その意味で，心が体を動かすと表現できる
　　でしょう。認知言語学者のLakoff（1987）は，言語などの
　　非物理的領域が心の研究の中でもっとも重要な領域であろ
　　うと述べています。感情，言語，社会制度などがわかれば，
　　それが心の現象です。そのような領域の概念構造は自然を
　　そのまま映し出してはいないので，その研究は心の働きへ
　　明白な形で導いてくれるということです。それで，その意
　　味で心は不滅です。たとえば，プログラミング言語が発見
　　された以上，それはコンピュータが壊れようが製造されな
　　くなろうが，そのプログラミング言語や作成されたプログ
　　ラムは不滅です。

行動主義者

　　なるほど。目からうろこだ。そんな見方ができるんだ。し

かし，プログラム言語も物体でしょ。それぞれの電子信号に意味はないはずだし，痛いとか悲しいとかないよね。君のいう心は形而上学的な心ということか。

記者　すごいですね。私も，これでうろこが落ちるのは2枚目です。しかし，形而上学的な心とはどういう意味ですか。

認知主義者

形而上学は，僕もよく知らないけれど，僕の理解では，非物体の抽象的概念のシステムを研究する学問だということかな。たとえば，数学なども，数や点や線などの抽象的な概念から素数や完全数などの複雑な現象を明らかにしようとしていて，形而上学と言えると思いますよ。しかし，数学は実世界にじかにかかわり，大きな貢献をしている。心も感覚器官から入ってきた情報を抽象的なシステムとして解析します。

記者　だいたいわかります。でも行動主義的な心と認知主義的な心，私はそれぞれ納得できたと思うのですが，両者まったく違っていますよね。両者の関係はどう理解すればいいのでしょうか。行動主義的には，心は不滅ではあり得ないけれど，認知主義的には，心は不滅です。行動主義では，心が非物体かどうかという問いは悪問で，認知主義では，心は非物体ということになります。

行動主義者

心の定義の仕方が異なっていますね。行動主義では，心を正面から扱うことはないので，定義らしい定義はありません。行動主義心理学という学問名があるにはありますが，

心理，心の理の学問というより，行動科学というほうがしっくりきます。とは言え，僕の定義では，脳を中心とした体が外的あるいは内的刺激にどのように反応するか，それを説明し，予測する学問ということになります。したがって，感情なども体の反応だから，体が死ねば，感情もなくなる。感情も心の一面だけれど，不滅であるはずがない。日本語に「亡骸」という語がある。これは，『日本国語大辞典』によると「死んで魂のぬけてしまった肉体」を意味する。死ぬと心は体から抜けてしまう。抜けた心は天国に行くのであろう。しかし，天国は観察できないので，実在せず，そこに存在する心も想像の世界でしか存在しえない。

　一方，言語や社会制度は体の反応の総体の総称であり，人類が滅亡すれば，言語や社会制度も消える。言語や社会制度が不滅であるというのは，人類の反応の痕跡は永遠に残るという意味であり，それはそれなりに道理であり，否定はしませんよ。微分方程式は永遠に不滅ですが，人間の数学的反応の結果であり，発見であり，それは人間の体の存在いかんにかかわらず，存在し，残りますよね。それを心が体から遊離して，その心が不滅であると表現するのは，ロマンチックすぎませんか。

記者　すごいまとめですね。認知主義的にも，このまとめでよいでしょうか。

認知主義者
　うーん。よさそうかなあ。

行動主義者

　　もしそれでいいとしても，非物体の心が物体の体を動かす
　　というは，依然としておかしいよね。僕はフォートランな
　　どプログラミング言語は苦手だけど，足し算をしろとか，
　　プリントせよとか，指示を出すので，指示システムだよね。
　　指示システムは物理的システムの記述でしょ。数学の 2 +
　　2 = 4 は，物理的ではなく，記述的なので，数理システム
　　は非物理的と言えそうだけど。

認知主義者

　　確かに，PRINT とか GOTO とか指示を出しますね。しかし，
　　その文字列自体は，物理的だけど，その意味は非物理的で
　　すよ。それが心に相当すると言えるのでは。

行動主義者

　　いや，意味は不要じゃないかね。PRINT ABC で ABC が
　　プリントされる場合，PRINT ABC の意味を解釈して ABC
　　をプリントするという必要はなくて，PRINT ABC という
　　文字列なら ABC という文字列が直接連合しているという
　　だけで，十分だろ。よくわからないけど，結局，コンピュー
　　タの喩えは不適切じゃないかな。コンピュータ本体が体に
　　相当するとしても，PRINT ABC が刺激で ABC が反応と
　　いうことかい。それなら行動主義っぽいけど。でも，その
　　場合，その刺激はどこから生じるのかね。強化はどうなる
　　のかね。行動主義では，刺激は外界，つまり皮膚の外側か，
　　内的，つまり皮膚の内部に起こって，体が反応する，つま
　　り結果が起こる。その結果がつぎなる反応を選択させる。

すなわち，刺激 − 反応 − 強化というサイクルを基本とする。
そうして見ると，コンピュータの喩えは，人間の行動とは
ほど遠いように見えるけど。

認知主義者

ふーむ。そこは問題ですね。僕らは，そこまでは問わず，
物理的指示から理論や応用が始まって，展開されます。行
動主義的に言えば，脳の振る舞いを理論的，実践的に解明
するということですかね。そのシステムは実際に観察され
るデータだけでなく，潜在的に可能な振る舞いをも視野に
入れるので，無限への挑戦ですよ。たとえば，Churchland
（1992）や Boden（1988）などのコンピュータシミュレーショ
ンは凄い。コンピュータで何でもできるといった印象を与
えますよ。難しいですけどね。ああ，そうそう，Boden で
思い出した。Boden（1988, p. 225）によれば，数学者のラッ
セルが，数学の分野では，誰も自分が何の話をしているの
かわかっていないと言ったらしいですよ。おもしろいこと
に，Boden は，加えて，コンピュータ心理学者も自分らが
何をしているのかわかっていないと言っていますよ。たと
えば，情報とは何かということもわからないし。

行動主義者

そうかあ。根本的なことはわからないということだね。僕
らもわからないから，同感。しかし，無限への挑戦と言え
ば，行動主義も同じだよ。刺激は無限にあって，人間はそ
の都度，その刺激に反応する。同じ刺激は 2 つとないし，
人間も刻々と変貌するので，似たような刺激に対して，反

応も微妙に異なる。そして強化もその都度，新たになされる。強化はつぎなる行動を選択させる。進化論的には，自然淘汰だね。あれあれっ。話がずれたけど，言いたいことは，刺激 - 反応 - 強化が単純すぎるという批判をよく受けるが，それは無限のパターンなので，僕らも無限への挑戦だよ。

記者　なるほど，本日は，心の正体を探るという企画でした。まとめとして，心の正体は脳の反応であり，脳機能のメカニズムをシステムとして探求するのが認知心理学で，脳の反応として現れる行動を研究するのが行動心理学であると言ってよろしいでしょうか。

認知主義者

　　　結構でしょう。異論はないです。「幽霊の正体見たり，枯れすすき」と言いますが，「心の正体見たり，脳機能」でいいんじゃないですか。ただ，それでめでたし，めでたしではなく，そこから無限への挑戦が展開されるということで，心の正体の細部は，これからということです。

行動主義者

　　　ほぼ同感ですが，Damasio（1994）が脳を含めて体全体と言っているので，「心の正体見たり，体反応」のほうがいいかも。ともあれ，認知主義者とアプローチは違うけれど，行動主義者も心理学にとどまらず，医学や人間工学など多くの分野で無限への挑戦を続けています。

記者　予定の時間となりましたが，最後に，若い学生さんたちのため，これから心理学や関連分野を勉強するとしたら，行

動主義を勉強すべきか，認知主義を勉強すべきか，ご教示
お願いできますか。

行動主義者

僕は行動主義を勧めます。僕は認知主義から行動主義に転
向しましたが，もっと若いうちから行動主義の基礎をやっ
ておけばよかったと思っています。

認知主義者

僕はもちろん認知主義です。George Miller や Jerome
Bruner や William Estes など多くの心理学者は，行動主義
から認知主義に転向しています。天才心理学者が行動主義
をあきらめて，認知主義に移ったのだから，やはり認知主
義のほうが魅力的だったんだと思いますよ。行動主義は，
抽象的な概念や意味が説明できないでしょう。

行動主義者

むっ。抽象的な概念とは，具体的に何かね。

認知主義者

うーん，たとえば，虚数の i とか。高校生たちは，これを
どうやって学習するんですか？

行動主義者

それは簡単だろう。$i \times i = -1$ や $2i \times 3i = -6$ を提示
すれば，帰納的に学習できるよ。オッカムのカミソリに従
えば，行動がつぎなる行動に続くという簡単な原理のほう
がそうでないという複雑な議論よりも単純で，受け入れや
すいだろう。

認知主義者

　　そうですか。僕も少しは行動主義も勉強してみますが，やはり本業は認知主義で行きたいですね。

行動主義者

　　デカルトの壁は厚いね。もう何十年か先にどうなっているかね。僕は，その結果を見届けられないのが残念だけど。天国からでも見るかな。

記者　やっぱり，天国は役立ちますね。なにしろ，無限の人々の心を受け入れて，現世界と結びつけられる場所ですから。

　　　本日は，ありがとうございました。久しぶりにアカデミックなお話を聞かせていただき，心が豊かに，おっと，心が，というか，とても意義深い刺激を脳が受けて，自分なりの好反応をしたと思います。

行動主義者

　　あなたも，もう行動主義者です。

付録1　「我思う，ゆえに我在り」と不滅の心

　心を語るとき，デカルト（1596-1650）に言及しなければ落ち着かない。デカルトといえば，二元論とともに「我思う，ゆえに我在り」がある。しかし，この推論は不滅の心と神に深くかかわり，解釈が難しい。論争を繰り広げた当代の顕学たちにも難解であった。行動主義者にとってはなおさらである。行動主義者のほとんどが，神の存在を認めない無神論者であり，心が存在しないとする無心論者であり，有神論でかつ有心論のデカルトと対極をなすからである。そのような行

動主義者にとって，この推論の核心に迫ることは難しいが，本節においては，曖昧性や誤謬を覚悟のうえで，ある程度までの理解を試みる。難し過ぎるので，落ち着かなくとも，付録として，本節を読み飛ばしてもさしつかえない。

　夏目漱石『吾輩は猫である』の猫が「デカルトは『余は思考す，故に余は存在す』といふ三つ子にでも分かる様な真理を考へ出すのに十何年か懸つたさうだ」と言っている。天才が十何年かけて到達した推論を猫の言う三つ子に理解できるはずもないが，もっともやさしい解釈なら，小学高学年の子どもにも理解できるかもしれない。つまり，「我は考えるので，考える行動をしている我は存在している」である。それなら「我歩く，ゆえに我在り」も，我は歩くので，歩く実体として我は存在する，ということになる。このような前提となる行動は，食べる，寝る，しゃべるなど無数にある。一般化すると，「我行動する，ゆえに我在り」となる。実際，当時も，それに似たような解釈をしてデカルトを批判した英才たちがいた。しかし，天才がこのようなやさしい推論をするとは考えられない。実際，デカルトは「我歩く，ゆえに我在り」という推論はしない（Cottingham et al., 1984, p. 244）と明言している。なぜか。

　デカルトの「我思う，ゆえに我在り」は，どのような意味なのか。そこには不滅の心および神がかかわる。一体，どのような論が展開されているのであろうか。ここでは，Cottingham et al.（1984）所収の1642年に著された『六つの思索』を中心に，この謎の推論と不滅の心の正体を探り，行動主義の解釈を加える。

　まず，不滅の心を知り得るためのもっとも重要な前提は，できる限り心の明晰な概念を形成すること，そしてそれが体の概念とは完全に

区別されることを理解するところにあるとされる。『六つの思索』の概要は，つぎの通りである。

第一思索　すべての事物について疑いを持つところから議論は始まる。先入観を排し，そして疑いのないレベルまで進む。

第二思索　自分（我）とは何か。自分は，人体と呼ばれる四肢の構造ではない。自分とは，考える実体である。それは，考えたり，疑ったり，肯定したり，否定したり，望んだり，望まなかったり，想像したりする実体であり，感覚を有している。

第三思索　神は自分の中にあり，自分は神の全体像を捉えることはできないが，神は思考において到達できる完全性の所有者である。

第四思索　我々が明瞭に知覚するものは，すべて正しい。

第五思索　神の存在なしに神を考えることはできない。ゆえに，神の存在は神と切り離せない。ゆえに，神は存在する。

第六思索　自分は，単に船の中の船長のように体の中にいるだけではなく，緊密に結合しているので，自分と体は1つの単体を成している。しかし，自分は体と区別される。ゆえに，自分は体なしに存在できる。
心の定義
思考が存在する実体を心と呼ぶ。
体の定義
形状や形勢や動きなどの拡張や付随的性質を有する対

象を体と呼ぶ。

神の定義

無限で完全無欠であると理解される実体を神と呼ぶ。

神の存在の証明

ある事柄が所与の事物の特性に含まれることは，その
事柄がその事物について正しいということと同じであ
る。必然的な存在が神の概念に含まれている。ゆえに，
必然的な存在は神に属する。つまり，神は存在する。

これらのうち直接に問題の推論にかかわるのは，第二思索と第六思索
である。第二思索から，自分（我）は考える実体で，感覚を有する。
第六思索から，自分は体と合体する1つの単体であるが，体とは区別
され，体なしに存在する。これらから，「自分は心であり，心は考え
る実体であるがゆえ，体ありなしにかかわらず，自分は存在する」と
いう解釈ができる。あるいは「自分は心であり，考える実体であるが
ゆえ，不滅であり，永遠に存在する」とも言える。ここでの鍵は，自
分は心であるということである。心は思考である。思考は不滅である。
不滅の心は，換言すれば永遠に存在するということである。この解釈
は，デカルトの立場に沿った筆者の解釈である。

　しかし，当時もこの命題に対する凄まじい反論があり，デカルトは
その反論に対する反論（e.g., Cottingham et al., 1984, pp. 271-2）を試
みている。たとえば，「考える実体は存在する」という大前提を前提
としているという反論がある。つまり，考える実体は存在する。我は
考える。ゆえに我は存在する。この三段論法自体は真である。しかし，
「考える実体は存在する」という命題が実証されていない。この命題

こそ証明すべき根本的な課題ではないか。これに対しては，そのような前提を使ってはいないと反論している。あるいは，「体なしに思考は存在しない」に対しては，「思考」は二義的であり，1つは考える実体を指し，もう1つは，その考える実体の行動を指すが，考える活動をするのに考える実体以外に必要なものはないと主張する。要するに，体なしに思考は存在するという主張である。デカルトによれば，「我歩む，ゆえに我在り」は物理世界の推論であり，それ自体は自明であるが，「我思う，ゆえに我在り」とは異次元の推論であるので，「我行動する，ゆえに我在り」が「我思う，ゆえに我在り」を包含するような一般化はできない。

　Cottingham et al., 1984, pp. 311-2）では，ある哲学者が「自分は体である」という命題を考察すると仮定して，つぎのように述べている。「体は存在する」ということは不確かである。よって，デカルトの思索に従って不確かな命題は否定され，「体は存在しない」ということになる。しかし，「自分が存在する」ことは明白である。したがって，「自分は体ではない」という結論に至る。この哲学者は，この結論は結構であるが，「体は存在しない」ということも不確かである。ゆえにそれを否定すると，「体は存在する」になる。そうすると，「体は存在しない」と「体は存在する」の両方が導き出されて，矛盾する。それに対して，デカルトは，この哲学者は自分で不当な仮説を出して，それを批判していると述べ，批判のレベルの低さを指摘する。

　ここで，筆者の「我思う，ゆえに我在り」に対する批判を出す。この推論を「心（思考）活動する，ゆえに心在り」と解釈する。デカルトは，この解釈を批判することはないであろう。しかし，デカルトによれば，心は不滅である。永遠に存在する。しかるに，「心活動する」

は現在進行形である。「今，心活動する」という意味である。それに対して，「ゆえに我在り」は「永久に我在り」を意味する。「我，永遠に死せず」ということになる。しかし，「今活動している」は，永遠に活動するという意味ではないはずである。活動は終わるはずである。ならば，存在も終わるはずである。

　では，デカルトが生きていれば，どのような反論をするであろうか。おそらく，それは，崇高な教養，知性を持ち合わせていなければその自明の理が理解できないと言うであろう。そう言われれば，筆者も含めて多くの人々は，負けましたと答える以外ない。

　しかし，心が実在するだけでなく，心が永遠に不滅であるという命題は，やはり誤りではないか。刺激に対する体の反応のある面を心と呼ぶというなら，心の存在が誤りであるという必要はない。だが，それが不滅であるという見解は，行動主義者のみならず多くの人々の理解を超える。不滅は永遠であるという意味である。永遠は，起点もなければ終点もない。しかるに，自分は，神によって，ある時点で誕生した。ならば，起点はあるが，終点のない永遠という永遠は存在するであろうか。地球の存在は起点があり，終点もあるので，永遠ではない。宇宙空間の存在は起点もなく，終点もないので永遠である。時も起点も終点もなく，永遠である。起点があり，終点のない実体の例としては，ある点Aから真っすぐBを通り，そのまま無限に伸びる線が半直線ABと呼ばれる。同様に，一方に無限に伸びる平面や立方体などが考えられる。これらは空間の中での可能性であり，有限を伴う無限というべきか。しかし，これは数学における事象であって，物理的な実世界には，それに相当する物体は存在しない。では，時間軸の中に，半直線ABに対応するような有限を伴う無限は存在するのであ

ろうか。

　永遠ということばは安易に使われる。プロ野球の長嶋茂雄が引退するとき,「巨人軍は永久に不滅です」と言った。これは,愛嬌で,ファンへのリップサービスである。それを真として受け入れるファンは多くはないはずである。厳密には,どんな組織でも,永久に不滅ではあり得ない。歴史を振り返っても,永久的に続いている組織は見当たらない。なぜなら,組織は変化する環境の中で進化する人々から成るからである。進化には自然淘汰が伴う。ある時期の人々の集団が自分たちの特質を維持しつつ,次世代に続ける。それがさらに次々世代に続く。しかし,これが果てしなく繰り返される確率的はゼロである。

　もし巨人軍が,あるいはある個人の心がかって存在し,それが永遠に記録として残るという意味であれば,当然過ぎてあえて述べる必要もないことである。しかし,巨人軍誕生という顕在的な起点があるが,本章で述べた潜在的存在をここに適用するなら,巨人軍は無限の過去から潜在的に存在していて,あるとき顕在的に存在するに至ったことになる。そうすると,巨人軍の顕在的出現以前は不問に付して,顕在的な消失後は潜在的に永遠に存続し続けるというアドホックな解釈になってしまう。同様に,デカルトは数々の業績をあげ,それは現在も残り,未来へと続くであろう。そのデカルトも誕生前から潜在的に存在し,1596年から1650年までのみ顕在的に存在したことになる。しかしながら,デカルト没後のデカルトの潜在的存在はいろいろ考えられ得るが,その生誕以前の潜在的存在は想像しづらい。いずれにせよ,そのような潜在性に基づいて,心が不滅であるというのは,詩的ではあるが,科学的なテーマになり得ない。巨人軍も,日本人がいる限り,その存在の記憶と記録は残るかもしれないが,それを「永遠に不滅で

す」と表現するのは，ドラマの世界である。

　デカルトは歴史に残る天才である。その構築した心のシステムは知が描く壮大な物語であり，デカルトが言うように，凡人には近づきにくい。本節でもその神髄を捉えたとは言い難い。また，その物語は，さらに研究を深め，展開される余地がある。しかし，当時のデカルト自身の知力については，限定的と言わざるを得ない。ダーウィン（1809-1882）の進化論をまったく知らなかったことは，大きな弱点となる。自然淘汰なども知らない。あるいは，意識の問題もデカルトの思考の俎上にはのらなかった。もちろん，進化論や意識という概念を知らなかったことこそが稀有の深遠な心のシステム構築につながったとも言えるかもしれない。とまれ，デカルトの不滅の心は，ほかにも多くの心の物語が顕在的に，あるいは潜在的に存在し得る中の1つの物語であり，これから新たな物語が登場する可能性も強調できる。

　さて，行動主義が見参する。まず，「我」は，被験体，反応体である。つぎに，「思う」は思考行動，思考反応である。そして「在り」は不要である。したがって，大胆な行動主義的翻訳は「被験体が思考行動をする。ゆえに，その行動を観察する」となる。大胆ではあるが，陳腐であり，おもしろくなく，たったそれだけか，ということになる。不要なものを取り除けば，シンプルになるだけである。なお，「我思う，ゆえに我在り」の背後に潜む神も不要である。自然界の摂理を神と呼ぶということであれば，なぜそのように呼ぶのか。わざわざ神と呼ばずに，自然や道理などでは不十分なのか。理由があれば，その理由を聞きたい。単に宗教上の利便であれば，あるいは形而上学的世界に限定される概念であれば，一般科学の中の諸論を論じる場合は不要である。

付録2　心だけの世界　唯心主義

　本節も付録なので，飛ばして第4章に進んでもさしつかえない。はじめに唯心主義について述べ，つぎに行動主義の説明をする。

　唯心主義もいろいろあるが，ここではイギリスの観念論者バークリー（1685-1753）の著書 Berkley（1710/1999）について，筆者が理解した限りの範囲で内容を翻案しつつ述べる。数字は原著のセクション番号を示す。原著は156のセクションから成るが，すべてに言及することはできない。唯心主義の要点と思われる箇所を選び，筆者のコメントを述べる。

　　2）人間の知識の対象物は概念であり，無数に存在する。それを感受し，それらに基づいて行動する（意図する，想像する，記憶する）実体が心（精神，魂，自己）である。概念は心の中に存在する。もしくは，概念は心によって感受される。これら2つは同値である。なぜなら，概念の存在は，概念が感受されるということだからである。

概念が無数に存在するということに異論はない。しかし，心の中に概念があること，心が概念を感受すること，その両者が同値であることは，行動主義と相いれない。前者については，概念は体の内的反応である。後者については，体が外的内的刺激に反応する。ゆえに，両者は部分的に同じである。

　　3）すべての人は，思考や感情や想像物が心の中にしか存在しな

いということに同意するであろう。同様に，感覚器官に刻まれるさまざまな感覚や概念は，心が存在しなければ，存在し得ない。事物が存在するということは，その事物が知覚されるということである。

4）家や山や川など知覚できる事物が，知覚されること（心の作用）とは独立に存在するという一般通念は誤りである。知覚できる事物が，知覚されずに存在するはずはない。

3）について，すべての人が同意することはあり得ない。心が概念や感情すべてを包み入れるという言い方は比喩的にとらえれば，図3.5Aのように図示できるであろう。

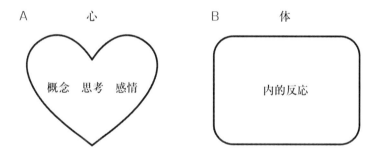

図3.5 （A）心の中にしか存在しない概念，思考，感情と（B）体の内的反応

しかし，心は器ではない。概念や感情は物体ではない。そのような心がそのような概念や感情をどのようにどのように包摂するのか。心が存在しなければ，概念や感情も存在し得ないという主張は，正しいか。

　正しいとする根拠として，英語の「存在文」でつぎのような関係を示している。「ある匂いが存在した」は「匂いが知覚された」と翻訳

され,「ある形状が存在した」は「その形状が見られた」と翻訳される。匂いが知覚できないことは,匂いが存在しないことを意味するということになる。しかし,このような論が成り立つのか。論理的に見てみよう。

命題	匂いが存在する	→	匂いを知覚する
逆	匂いを知覚する	→	匂いが存在する
裏	匂いが存在しない	→	匂いを知覚しない
対偶	匂いを知覚しない	→	匂いが存在しない

論理的には,命題と対偶の真偽は一致する。したがって,命題の真偽がわかりにくく,対偶の真偽がわかりやすい場合,対偶を検討すればよい。逆と裏は参考になるが,命題の真偽に関与しない。そこで,上記の対偶を見てみると,明らかに偽である。匂いを知覚しない場合,匂いが存在していても,それが微弱あるいは知覚力が低い可能性が考えられる。したがって,命題は偽である。

　ところが,4)は,この対偶が偽であるという常識が偽であると述べている。知覚される事物（心が捉える事物）が,知覚されなくとも（心がなくとも）存在するというのは矛盾であると主張する。なぜなら事物は知覚の対象である。だから,知覚されなければ,それらは対象とならず,存在しない。

　しかし,対象になっていないから,それは存在しないことを意味するという説明は詭弁ではないか。ところが,これに関連して,つぎのように続く。

7）物とは，心すなわち知覚する主体である。知覚できる特性は，色，形状，動き，匂いなどである。それらは，感覚作用によって知覚される概念である。そうすると，概念的に知覚できない事物が存在するということは矛盾する。なぜなら，概念をもつことは，知覚することと同じだからである。したがって，概念の中で知覚できない物質は存在しない。

物が心であるということは理解を超える。色や形が概念であることは理解できる。第2章の図2.1で，時計という概念は時計の意味と見なしてよい。しかし，時計の意味が存在しなければ，時計という指示対象が存在しないという推論は成立しない。知覚されない物は無数に存在する。たとえば，18世紀まではウィルスは発見されなかった。しかし，ウィルスは，それ以前も外界に存在していた。18世紀まではウィルスは存在しなかったというのは誤りである。

　ここで，現在のところ知覚，認知されていない無限の事物を「潜在的に存在する」と定義しておこう。たとえば，文は潜在的に無限に存在する。日々，その中から新たな文が生成される。そのような文は潜在的な存在から現実的な存在あるいは顕在的な存在になる。たとえば，「曇天の空を36匹のカラスがS字型に飛んでいる」は，この瞬間，現実的に存在するようになった文である。

9）拡がり（大きさや長さ），形，静止状態，固体性，数などは，心の中に存在する概念である。それらは外界に存在しない。

11）大きいとか小さいなどの概念が心の中にしか存在しないことは一般的に認められている。心が存在しなければ，大きいも

小さいも存在しない。しかるに，拡がりが心の外に存在するという説は，大きいとか小さいも心の外に存在するということになり，矛盾する。

確かに，拡がりや形などは，心の中に存在する概念であるという見方はできる。しかし，ゆえに外界には存在しない，という結論には飛躍があり，誤りである。なるほど，外界に大きい石や長い川は存在しないという言い方はできる。自然界には，人間が石や川と呼ぶ物体がただ存在するだけである。大きいとか長いは，人間の判断の中の種類の一例に過ぎない。行動主義的には，内的反応である。大きいと呼ばれる石という刺激に対する大きいという反応である。しかし，刺激は，図 2.1 に示すように，指示対象すなわち刺激として現存する。自然界そして人間社会には，いろいろな事物が存在する。その中の事物を人間がある程度恣意的に便宜上「大きい」とか「長い」と表現する。これらは外界に潜在的に存在する概念と見なすことができる。

　19）物質主義者は，体がどのように心に作用するか，いかに概念が生成されるか，わからないと言う。

物質主義者もいろいろである。行動主義者も物質主義者に含まれるなら，行動主義者は，そもそも「心」という概念を用いない。ゆえに，体がどのように心に作用するかと問うこともない。行動主義から見れば，概念は行動の結果の表現である。

　26）27）概念を創るのは，非物体で，活動する存在，心である。

心自体は知覚されない。知覚されるのは，心が生成する概念
　　である。心は概念ではない。概念は，活動しないが，心は活
　　動する。

　ここは，矛盾を孕んでいる。非物体が活動するとは，矛盾ではないか。
非生物は活動しない。石や鉛筆は活動しない。自動車や電車は動くが，
活動，行動はしない。火山の活動は比喩表現である。生物以外の物体
は活動しない。いわんや，非物体においてをや。
　さらに，心は知覚されない。しからば，7）に従って，知覚されな
いものが存在しないのであれば，心も存在しないことになる。これも
矛盾である。ただし，ここで矛盾について付言しておく。丸みを帯び
た三角形は矛盾ではないが，丸い三角形は矛盾である。しかし，ここ
に潜在的存在を持ち出せば，丸い三角形は現在のところ発見されてい
ないが，潜在的には存在し得る。ならば，未来において活動する非物
体が発見されるかもしれない。潜在的存在は，無限の究極の「たられ
ば」の世界でもある。無量無辺の概念が潜在的に存在する。顕在化
されない事象は，これまでも無限に存在したし，これからも無限に存在
する。その中の1つが顕在化されるなら，それは新発見と呼ばれる。
新発見の中には，人類に貢献する偉業もあるが，毒にも薬にもならな
いものもあるとされる。しかし，新発見の価値は人間の評価すぎない。

　38）39）一般的には，水という概念を飲んだり，服という概念を
　　　　着たりというのは，おかしいという反論があるが，水として
　　　　知覚する物，これが水の概念であり，それを飲むという意味
　　　　である。ここで論じる概念は，通常の概念とは異なる。柔ら

かさ，色，味，暖かさ，形状などの特質が組み合わさって飲み物や服ができ，その飲み物や服は，それを知覚する心の中にのみ存在する。したがって，飲み物や服が心の外に存在し得ない知覚対象であるという了解があれば，概念の代わりに物を用いてもよい。本論で，物ではなく概念という用語を使う理由は，第一に，物は通例，心の外に存在する事物を表すからであり，第二に，物は概念よりも広い意味をもつからである。物は概念だけでなく，魂をも表す。知覚される事物は心の中にのみ存在するが，それらは考えたり，活動したりしない。それに対して，魂は考え，活動する。ゆえに，その魂を表しうる物を使うのはふさわしくないのである。要は，知覚されない対象は存在しないということである。

ここでは，独特の言い回しのため，一般読者は誤解するが，誤解の根幹は誤った前提にある。知覚されない対象は存在しないという前提は誤りであり，ここから展開される論は，すべて誤りである。要は，知覚されない対象は，無限に存在する。

41）現実の火と火の概念とは大いに異なるという見解に対しては，これまでの説明通りであるが，現実の痛みと痛みの概念とを加えることができる。現実の痛みが心の外，外界にはない。同様に，現実の火も心の外，外界にはない。

現実の火と火の概念とが大いに異なるという見解に反論する試み自体に無理がある。両者が同じであることを示すために，現実の痛みと痛

みの概念の関係を持ち出している。これは傍証にはならない。痛みは内的な反応であるので，外界に存在しないのは当然であり，それは現実の火と火の概念との関係とは異なる。

69）物事の原因について，物質は受動的であり，自力で動くことはできない。また，知覚もできない。よって，動作主体や出来事の原因たり得ない。（物質と呼ばれている概念は無を意味する。）

無生物は，自力で動くことはできない。また，何かを知覚することもできない。これは当然である。出来事の原因になることはあり得る。地震は，さまざまな結果をもたらす原因にある。物質という概念が無であるなら，この現実世界自体が無である。

90）感覚器官に届く概念は，現実的な事物である。それは存在する。しかし，それは心なしには存在しない。私が目を閉じても，それは存在する。ただし，それは，それを見ている他者の心の中に存在することになる。

たとえば，花瓶を見て，花瓶を知覚する。しかし，目を閉じれば，知覚できないが，花瓶が存在しないということではない。他者が目を開いて知覚するので，花瓶は存在する。ならば，他者がいなければ，花瓶は存在しないのか。

94）知覚されない物体の存在が無神論者たちの支えである。太陽

や月などが心の中で知覚される対象であると考えるなら，万
物を創り出し，維持する永遠の不可視の心に敬意を表するで
あろう。

知覚されない物も存在するという常識に対して，この唯心主義は，知
覚されない物は存在せず，すべては不滅の心が創り維持するとする。

　141）これまで，心が分解できない，非物体である，伸張性がない，
　　　　ゆえに不滅であることを示してきた。人間の心は自然法則
　　　　に従って不滅である。

不滅の心は，デカルトの影響かもしれない。ここで，再度，不滅の心
の批判を示しておこう。不滅である。滅しないということは，未来永
劫その存在が続くのみならず，無限の過去から存在することを含意す
る。しかし，人間はある時点で誕生するので，それ以前は存在してい
なかったことになる。それ以前は滅した状態だったことになる。数学
的な比喩を用いれば，半直線ということになる。
　もし生まれる以前から生まれる運命にあり，潜在的に存在していた
と論じるなら，それなりの理屈が必要である。心は変形せず，連続的
に存在するならば，その活動も不変なのか。ならば，心は，生前，幼
児期，壮年，老年，死後にどのような不変的活動するのか。
　行動主義は，心は体を前提としている。心は体の反応のパターンを
表現していると解釈するので，体がなければ，心もない。健全な体が
あれば，心もある。心があれば，体がある。心があって，体がないと
いうことはない。心がなければ，体もないことになる。

唯心論では，不滅な心の存在を証明していない。行動主義からすると，その証明はできない。証明できない心の存在の議論は不毛である。ただし，心が体の反応であれば，ある時期，ある場所で，ある反応パターンが生じたこと自体は事実であり，その事実は歴史的に不滅である。人類が滅びたとしても，永久に不滅である。その反応パターンが後続の人々の興奮を引き起こし，ある行動を導くなら，唯心論者は，不滅の心が活動的に人々を動かしたと言うかもしれない。しかし，行動主義者は，その反応パターンが刺激となり，後続の人々の体が反応したと唱える。このように述べてくると，行動主義が正しいという結論に落ち着く。

付則　意識について

　意識は，宇宙の誕生や生命の誕生と並んで，難問中の難問である。意識とは何かという問いに対しては，わからないとしか答えられない。しかし，心の正体を見ようとするとき，心の代表とも言える意識がわからないでは済まされない。少しでも意識の正体に迫りたいというのが本節の目標である。『広辞苑』によれば，心の働きとか内面的な精神活動とある。ここで，心を「わからない対象」に置き換えると，意識とは，わからない対象の働きとか内面的なわからない対象の活動になる。『広辞苑』では，働く対象が物理的対象か非物理的対象かは定められていないが，行動主義では物理的であるとする。
　行動主義者の Norris（1929）は，意識についてつぎのように述べている。意識は感覚作用や事態の特性ではなく，表に現れない行為である。対象となる行動を取り巻く刺激パターンを内的にわかることであ

る。子どもは，表に現れる行動をするが，徐々に表に現れない内的な行動をするようになる。そのような表に現れない行動は，表に現れる行動と同様に本人にわかる。これが意識である。意識はほかの行為と同様に物理的行為である。また，環境に呼応し，知能と同様に成長，向上する。

Russell（1921/1971, p. 109）は，夢や記憶や思考を意識することが感覚とは異なる心的事実であるとしている。そして，カントはそれを内的感覚と呼び，自己についての意識と呼ばれることもあるが，心理学では内省と呼ばれている，と述べている。あるいは，意識を知覚の見物者と表現することもある。

本節の目的は，意識の正体に近づくであるが，近づくと言っても，ここまでである。まとめると，意識とは，知覚を知覚すること，感覚を感じること，記憶を知覚すること，知識を知覚することである。知覚の知覚すなわち知覚を知覚すると言っても，知覚自体が十分に明確ではない。見えることは，外界の物体が網膜に移り，その情報が視覚野に運ばれ，さらに脳内に伝搬されるが，その過程のどの時点で「見えた」ということになるのか定かではない。その視覚過程を知覚する過程は一層のこと不明瞭である。

第4章
感情をとらえる

感情とは何か。愛や憎しみなど感情は心の中核とも言える。その感情が実在することは，心が実在することにつながる。しかし，実在するはずであるが，その正体をつかむことは必ずしも容易ではない。なお，タイトルの「感情をとらえる」について，「とらえる」の目的語は元来，物体でなければならない。しかるに，感情を物体のようにとらえるというのは，本書の趣旨に反する。弁明するならば，わかりやすいようにという配慮からである。では，行動主義的には，どうなるのか。「感情という所与の刺激に正しく反応する」である。感情は物体ではないが，非物体とも言えない。

梶井基次郎（1901-1932）は，『檸檬』の冒頭でつぎのように書いている。

えたいの知れない不吉な塊が私の心を始終圧へつけてゐた。焦燥と云はうか，嫌悪と云はうか。（中略）何かが私を居堪らざせるのだ。それで始終私は街から街を放浪し続けてゐた。

ここで述べられている主人公の感情，心の状態は，認知主義的には特段，問題はないかもしれない。しかし，行動主義から見ると，奇妙である。えたいの知れない不吉な塊が焦燥か嫌悪であれば，それは感情である。それが心を押さえる。その感情は心の中核部であるが，それが心から飛び出して本体の心を圧迫するというのであろうか。イメージ図としては，図 4.1 のようになる。

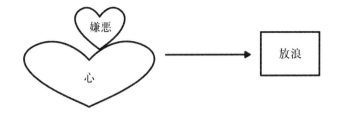

図 4.1　嫌悪という塊が心を押さえ，放浪へと導く

　たとえば，嫌悪という感情が心を押さえ，それが梶井という作家を，街から街へ放浪させ続けるということになる。心理学的に物理学的にも不可解極まりない。

　不吉な塊は心であり，非物質であるから，非物質である心を押さえつけることはない。また，その押さえつけられた非物質の心が梶井という体を街から街へ放浪させることはあり得ない。ここで注目すべきは，「えたいの知れない」である。えたいの知れないものを焦燥とか嫌悪であると推測するので,ややこしくなる。えたいが知れないなら，知れないままにするほかない。

第1節 感情はいくつあるか

　感情は心の最も心らしい面をもつ。その感情は何種類あるのであろうか。これも心の正体を見えにくくする一因である。尾崎紅葉（1867-1903）の小説『多情多恨』にはさまざまな感情が描かれている。

　　其が為に柳之助は悲み，悔み，嘆き，慕ひ，恨み，儚み，而して遂に泣かされる。

日常表現的には，「柳之助は悲しみ，寂しさのあまり泣いてしまう」くらいであり，行動主義的には，単純に「柳之助は，痛み，泣く」と翻訳される。しかし，これでは，いずれも小説にはなり得ない。とりわけ，行動主義の表現は殺風景であり，人間味がない。これが，行動主義心理学が嫌われるゆえんかもしれない。

　第1章で見たように，この小説では，主人公の柳之助が最愛の妻，類子を病死で失い，悲嘆にくれる。机の前に座ると，「今まで辛くも紛らわしてゐた思が一時に紛と寄せて来て，埒もなくお類の事を考えさせる」様子が上の引用である。ほんとうに，一時にどっとこのようないろいろな感情が起こるのであろうか。また，それぞれの感情はどのような感情なのであろうか。それぞれ400字程度で説明せよ，という課題を出されたら，豊麗な文章力をもつ尾崎紅葉も困るのではなか

ろうか。試しに，ここでは辞書に基づいて，答えを求めてみよう。

　「悲しみ」は自明に見える。『広辞苑』では，「泣きたくなるほどつらい。心がいたんでたえられない。いたましい」である。柳之助は実際泣いているが，基本的には「つらい」である。「つらい」は「堪えがたい。苦しい」を意味する。そうすると，畢竟，行動主義の「痛む」に帰する。『広辞苑』では，「心がいたんでたえられない」とあるが，行動主義では，主語は脳を中心とした体である。ちなみに，「自分の悲しみを誰かと共有する」という表現について，悲しみは物品ではないので共有することは基本的にはできない。そもそも自分の痛みは自分にしかわからない。この表現は，ある刺激から自分に起こる痛みという反応を，他者が刺激として受け止め，自分の反応とある程度同じであるかのように反応してくれるという意味である。

　「悔やむ」は，『広辞苑』では「人の死を惜しんで弔う」，「惜しむ」は「捨て難く思う。愛着を持つ」，「弔う」は「亡き人の冥福を祈る」，「冥福」は「死後の幸福」として定義されている。『日本国語大辞典』では「人の死を悲しんで弔う」である。これらを総合すると，「柳之助は類の死を悲しみ，死後の幸せを願っている」くらいになる。行動主義では「柳之助は類の死で痛み，類の幸せを願っている」くらいになる。なお，「いたむ」は，「痛む，傷む，悼む」と表記される。

　したがって，悲み，悔み，嘆き，慕ひ，恨み，儚むという6種類の感情が使われているが，行動主義的には，痛みの1つである。

　感情論で最も有名な書物は，Darwin（1889/1999）である。ダーウィン（1809-1881）は進化論で有名であるが，鋭い洞察力で展開される感情論も心理学者の間ではよく知られている。原著は1872年に初版，1889年に第2版，100年以上の時を経て1999年に序論や解説などが

加わった第3版が出版された。そして多くの研究者が改めて，この不朽の名著を絶賛している。

　ダーウィンは，感情を何種類取り上げているか。Darwin（1889/1999）の目次の項目の中にある感情語を日本語に訳すとつぎの通りである。

　　第6章　苦悩，涙ぐむ様子，
　　第7章　憂鬱，心配，悲しみ，意気消沈，絶望，
　　第8章　喜び，上機嫌，愛，優しさ，傾倒，
　　第9章　熟慮，黙想，不機嫌，むっつり，決意，
　　第10章　憎しみ，怒り，
　　第11章　軽蔑，蔑み，不快感，罪悪感，うぬぼれ，無力感，我慢，
　　　　　　肯定，否定，
　　第12章　驚き，驚嘆，恐れ，恐怖，
　　第13章　自己注意，恥ずかしさ，内気，謙遜，はにかみ

全部で，37種類になる。これらは8つの範疇に章としてまとめられているが，それぞれが独立していて，一部を除き，感情間の関係が不明瞭である。これらが顔の表情に現れる感情ということを考慮すれば，行動主義的な見地からは，感情間の関係を求めることに大きな意義はないように思われる。

　しかし，あえて感情間の関係を求めるなら，どうなるか。たとえば，1つの感情を中心に関連の概念を考察するというアプローチが考えられる。その好例が九鬼周造（1888-1941）の『「いき」の構造』（1930/1967）であろう。粋は，『広辞苑』によれば，「気持や身なりのさっぱりとあかぬけしていて，しかも色気をもっていること」である。

九鬼（1930/1967）では，内包的構造として，3つの徴表（特徴），媚態，意気地，諦めを有し，外延的構造として，関連する概念，上品，派手，渋味を基軸に，さび，雅，味，乙，きざ，いろっぽさを位置づけている。さらに，対語の下品や野暮などを加えると，ここでの感情語は100種類を超える。ともあれ，「いき」は，つぎのようにまとめられている（p. 33）。

> 要するに「いき」とは，わが國の文化を特徴附けてゐる道徳的理想主義と宗教的非現實性との形相因によつて，質料因たる媚態が自己の存在實現を完成したものである云ふことが出来る。従つて「いき」は無上の權威を恣にし，至大の魅力を振ふのである。

国広（1970）は，意味論的な観点から，論述された「いき」の構造を高く評価しているが，行動主義者を筆頭に，多くの読者は「いき」がどのような構造をしているか理解できないと思われる。また，「いき」にかかわる多くの感情の概念的分析は，九鬼自身が認めるように「残余なきまで完全に言表されるものではない」（p. 130）ことになる。

　では，結局，感情は何種類あるのであろうか。上述のような概念的視点からすれば，狭い範囲と広い範囲で答えることができる。狭い範囲では，感情語数である。感情語は内容語に多くあって，その数だけ感情があることになる。具体的には，日本語では，名詞と動詞の多く，形容詞と形容動詞，感嘆詞を合わせた総和である。名詞は「幸せ」や「けれんみ」など，動詞は「怒る」や「嫌う」などが該当する。感情とは無関係な動詞でも，「たい」がつくと，感情語になる。「食べる」は感情を表さないが，「食べたい」は感情を表している。日本語には，

形容詞が約 1300 種，形容動詞が約 1000 種ある。これらは，ほぼすべてが感情を表し得る。たとえば，「6 は 2 より大きい」の「大きい」は感情を表していない。一方，大きなリンゴを見て，「わあ，大きい」の「大きい」は感情を表す。また，「わあ」は感嘆詞（間投詞，感動詞）であり，感情を表す。これら諸々すべての総計が数万であれば，感情も数万あることになる。

　広い範囲で答えようとすると，感情表現すべての総数ということになる。感情語を組み合わせると新たな感情表現ができる。そうなると，その数は無限である。たとえば，女性の手を見て，「透き通った，すずしく，ほのぼのとして柔らかい，愛を包む手」と表現すれば，それは新たな感情を表す新たな感情表現として加算される。それだけに限らない。俳句，短歌，詩，戯曲，小説などそれぞれの作品は，作者あるいは登場人物などにかかわる感情が巧みに表現されている。さすれば，理論上，無限の感情表現が存在し，無限の感情が存在することになる。この結論は，「はしがき」で述べた心が無数の意味をもち得るという言説が真であれば，当然のことながら真であるということになる。

　視点を変えて，対象物が与えられたとする。人は，その対象物に対して何らかの感情を抱く，そこに何らかの感情がかかわり得る，という仮説が考えられる。それを本格的に研究したのが Osgood et al.（1957）である。主目的は，意味微分という手法によって意味を測定することであった。しかし，本節の趣旨からは，対象の意味を 50 種の形容詞で測定しようとしたところが注目される。上述のごとく，形容詞は多かれ少なかれ感情を表す。言わば，対象の意味を感情の塊として捉えようとしている。その妥当性は置くとして，結果的にすべ

ての対象が何らかの感情を内包することがわかる。具体的には，「父」を見てみよう。「父」の意味を図 4.2 のような形容詞評価尺度で計ろうとする。

父

幸せ	——— : ——— : x ——— : ——— : ——— : ———	悲しい
固い	——— : x ——— : ——— : ——— : ——— : ———	柔らかい
遅い	——— : ——— : ——— : ——— : x ——— : ———	速い

図 4.2　形容詞 7 段階尺度における「父」の意味特徴（Osgood et al., 1957 参照）

形容詞評価尺度はそれぞれ 7 段階あり，被験者は「父」がそれぞれどれに該当するか，該当する箇所を選び，x を記入する。この例では，幸せ‐悲しいで 3，やや幸せ，固い‐柔らかいで 2，かなり固い，遅い‐速いで 5，やや速い，と以下続く。ここで，Osgood et al.（1957）の目的とは離れて，強調すべきは，所与の実験項目において，50 種の尺度においてすべて 4，どちらでもない，と反応する被験者がおそらく皆無であろうということである。そうであれば，感情を抱かない項目はないことを意味する。これを敷衍すると，この世のすべての事物は人に何らかの感情を惹起せしめるということになる。事物は無限に存在し得るので，それに応じて感情も無限に存在し得ることになる。

　感情は何種類あるか。以上を要約すると，感情を表す語のみならず，感情表現の総和が感情の数であり，その数は，無限である。たとえば，感情語は，理論上，無数に組み合わせることができる。関連する形容詞を組み合わせると，微妙な感情表現が可能になる。また，ことばは

常に進化し，語も少しずつではあるが増えてゆき，その上限はない。さらに，無限に存在し得る事物に対して，人はそれぞれに感情を抱くがゆえ，そこには無限の感情が存在する。人は無限に存在する対象1つ1つに感情を抱く。行動主義的には，1つ1つに感情的反応と呼ばれる行動をする。これは驚くべきことではなかろうか。驚くべきという感情反応をすべきではなかろうか。

　感情が無限に存在し，そこにシステムがある。そのような見方は，認知主義に適合する。心の機微に触れる繊細な感情は無限に生成される。無限の文が生成されるのに似た機序がそこにあるはずである。認知主義は，それを究明しようとする。しかし，行動主義は，それに反駁は加えないが，行動科学的な意義は稀薄であるとみなす。

第2節　感情は行動である

　行動主義いざ見参。「木を見て森を見ず」ということわざがある。ここでは，木を見て森を見る。前節で，感情という木々を見た。本節では，感情という森を見る。

　行動主義は，感情という器が無限に存在するという見解には真っ向から異議を唱える。ことばの感情表現に連動して無限に表される感情のシステムを明らかにしようとする試みは，知的トレーニングとしてはおもしろい。しかし，人間の根幹的な性向の考察が欠落している。行動主義に従えば，感情は行動である。感情は刺激を受ける体と知覚のプロセスでもある。Damasio（1994）は，感情の本質を体の状態の変化の総体であると解釈する。その変化を行動主義は行動と見る。その変化は，外から観察できる。英語では，感情は emotion である。語頭の e- は外を，motion は動きを意味し，外への動きが感情ということになる。感情は体の状態であるとも言える。

　感情は，過去の偶発的な強化の結果である。欲望や必要性は，欠乏した状態と言い換えることができる。Hull（1937, p. 16）では，落胆は，通常の反応を引き起こす力の減衰として定義され，失望は，適切な完了行動を引き起こそうとする力の縮減と定義されている。完了行動とは，食べるなどの欲求を満足させて完了する行動である。落胆や失望は，やる気が失せたり，がっかりしたりすることであるが，行動主義

では，行動にかかわる力の増減で表している。一方，「自由」は，「心」ということばを使わず，外的な制約が欠如した状態と定義される。

　行動は無限である。刺激の種類が無限であり，刺激と反応のパターンが無限にあるからである。しかし，その行動は2つに分けられる。肯定的反応（前向きの反応）と否定的反応（後向きの反応）である。これが人間の根源的性向である。これは，人間以外の動物にもあてはまるというより，人間以外の動物の基本的性向の延長線上にある。進化の過程で，人はことばを獲得した。コミュニケーションを円滑にするため，肯定，否定反応は，徐々に下位区分され，さまざまに感情表現されるようになる。それは現在も続き，とどまることはないであろう。一方，感情表現は顕在的で魅力的でもある。感情は独り歩きして，肯定否定という素朴な反応を覆い隠してしまった。

　そこから，人々は感情についていろいろな見方をするようになる。本章の冒頭，図4.1のように塊として見る見方もある。たとえば，心の中の悲しみから勉強や仕事などに手がつかず，何もせず，引きこもったり，寝たりするのであろうか。もしそうなら，悲しみという塊が身体の引きこもりを誘発することになる。確かに常識的には，感情が行動を左右すると考えられる。そのように考える哲学者もいる。たとえば，Blandhard（1967）は，ヒトラーのユダヤ人に対する憎しみがユダヤ人虐殺を引き起こしたではないかと問いかける。それに対して，Skinner（1967）は，ヒトラーの自分史の環境の中の事象がユダヤ人虐殺に導いたと答える。ここでも，憎しみは非物体である。その非物体がどのようにして虐殺を起こせるのか。そうではなく，過去からの行動の連鎖として，虐殺という行動に到ったと見なす。Skinner（1967）は，思考について思考するのではなく，行動について行動するという

ように行動している。

　これに関連して,19世紀の偉大な心理学者James (1890/1950, p. 450)は,感情のメカニズムについてびっくり仰天するような仮説を述べている。人は悲しいから泣くのでない。人は怒るから顔が真っ赤になるのではない。人は怒るから相手を殴るのではない。その逆で,泣くから悲しい。顔が真っ赤になるから怒り,そして相手を殴る。笑いに当てはめると,愉快だから笑うのではなく,笑うから愉快になる。山口県防府市には,笑い講という行事がある。お神酒と会食の中で,2人の当事者が3回笑う。1回目は,その年の収穫を喜び,2回目は,つぎの年の豊作を願い,3回目は,その年の悲しみを忘れるためとされる。テレビでその様子を見ると,周囲の人たちもにこにこしたり,大笑いをしたりしている。はじめて見たときは,くだらん行事だと思ったけれども,笑う行動によって愉快な反応を起こすようにも見える。

　これは,多くの人にとって驚きであるが,行動主義に通底するところがある。たとえば,否定刺激に対して泣くという生理的な否定反応が基本で,つぎに悲しいという感情表現に該当する行動が続く。「悲しすぎて泣くことすらできない」という表現があるが,これも時系列の順序が違う。泣くこともできないほど強烈な否定刺激を受けて,すぐには泣けない,それから泣き,それから悲しいという表現がなされる反応が起こる。前述したように,『広辞苑』では,「泣きたくなるほどつらい」とある。これは「つらい」が先で,「泣きたくなる」がそれに続く感がある。これも逆で,「つらくなるほど泣く」になる。

　これに対する反論の1つとして,泣く行為は,嬉しいときも泣くように,いろいろな感情と連動している。だから,泣くから悲しいということにはならない,という議論もできる。しかし,泣き方が悲しい

時と嬉しい時とでは同じではない。ある泣き方が悲しみを，別の泣き方が喜びを惹起するなら，James の言説は支持される。

　動物レベルで考えてみると，感情の行動論は支持しやすい。たとえば，空腹という感情が食物を食べる行為を誘発させるのであろうか。行動主義は，空腹という感情なしで，食べる行為を記述するであろう。そうすると，空腹という語でさえ不要になる。行動主義者は，食物の非摂取時間が長ければ，食べる行為が高まる，摂食行動が高まると言う。とても空腹である状態で，食物が与えられると，通常よりも早く多く食べる傾向がある。これについては，非摂食時間が長ければ，より早く多く食べる傾向が生じる，摂食行動がより活発になると言うだけで十分である。空腹は腹が空であるという意味なので，非摂食時間が長いという意味とほぼ同じであるという意見は，道理にかなう。しかし，そういう意味なら，空腹は感情語ではない。空腹を「ひもじい」とか「飢えている」といった感情語と同義的と見なすなら，そのような語は使わずに済むことができる。

　感情は体のサインであるが，行動でもある。Parkinson（1996）によれば，感情は社会的な面がある。感情をコミュニケーションの一形態として見ている。コミュニケーションは行動である。よって，感情は行動である。もちろん，1 人孤独にさいなまれ，泣くことはある。しかし，Parkinson によれば，泣き方が違う。Darwin（1987/1999）も顔などの感情表現をコミュニケーションとみなし，最終章で母子間の感情表現が最初のコミュニケーション手段として機能すると述べている。ここで特筆すべきは，感情が機能を有することである。感情に機能などがあるのか。感情はただ自然的に起こるだけではないか。否，これまで見過ごされてきたが，感情はコミュニケーションを起こすと

いう機能を有する。感情がなければ，コミュニケーションは起こらない。どのようなコミュニケーションが起こるかは，どのような感情が起こるかによる。社会的背景や文化的背景によって異なる面もあろうが，コミュニケーションとしての感情表現は，行動主義において比較的御しやすいテーマと思われる。

「感情は行動である」という行動主義に基づけば，「顔は心の指標」ということわざは，つぎのように再解釈される。このことわざは，顔が心の中を表すという意味である。しかし，心は不要である。このことわざは，体が，脳が，顔が刺激に対して特定の反応をすると解釈する。たとえば，恥ずかしくて赤面するのは，心が恥ずかしさを感じて，血流を促せという指令を出し，顔を赤くさせるというのではない。行動主義では，恥ずかしい場面に脳が反応して顔が赤くなる。これはほとんど反射的である。しかし，そこには脳の瞬時の状況判断あるいは解釈がある。判断や解釈と言えば，認知主義的なるが，ここでは知覚反応という表現が適切である。たとえば，自分のズボンの社会の窓が半分開いていることに気づいたとき，周囲に人がいて，自分のズボンを見ていると知覚すると，赤面する。他人が気づいていないという様子であれば，赤面しない。社会の窓が半分開いていても，周りの人には絶対気づかれないといった判断がなされるなら，赤面まではいかないであろう。あるいは，周囲には長年連れ添った妻しかいないのであれば，ぜんぜん赤面しないであろう。しかし，周りに何人か知人がいて，社会の窓のゆうに半分が開いていて，中まではっきり見えていると知覚すれば，顔は真っ赤になる。そうすると，「顔は心の指標」は「顔は刺激－反応の指標」に置き換えられる。この刺激－反応は行動を意味する。

つぎに，応用問題として，2人の小説家が感情をどのように見なしているかを検討してみたい。まず，芥川龍之介（1892-1927）の短編『鼻』につぎの一節がある。

　　　人間の心には互いに矛盾した二つの感情がある。勿論，誰でも他人の不幸に同情しない者はいない。所がその人の不幸を，どうにかして切りぬける事が出来ると，今度はこつちで何となく物足りないやうな心もちがする。少し誇張して云へば，もう一度その人を，同じ不幸に陥れて見たいやうな気にさへなる。さうして何時の間にか，消極的ではあるが，或る敵意をその人に対して抱くやうな事になる。

芥川も，心を器のようにとらえ，その中に互いに矛盾する同情と敵意があると述べる。しかしながら，そこには問題がある。同情と敵意が矛盾するのであれば，心という器に同情が存在すれば，敵意は存在できないし，敵意があれば，同情は存在できない。人は異なる感情を同時にもつことはできない。感情が行動であれば，ある時間に2つの行動はできない。
　芥川は，同時にこれらの感情が存在するとは言っていない。そこでは，はじめに不幸であったときは同情心，あとで幸福になったときは敵意ということであり，矛盾はない。時系列に沿って，1つの感情が起こるということであり，何ら問題はない。しかし，「心に2つの感情がある」あるいは「心に2つの心がある」は，同時に2つが共存するという誤解を与えかねない。心という器に同情心と敵対心という2つの器が並んで鎮座しているイメージであるなら，滑稽であり，矛盾

に近い。人間には，ほかにも怒りや寂しさなどいろいろな感情がある
と言われている。これらも，大きな心の器の中で小さな器として配置
されているのであろうか。

　行動主義では，もはや小説にはならないが，この一節はつぎのよう
になる。

　　　人間は，時系列的に対立する行動をすることがある。勿論，誰で
　　も他人の不幸を可能なら対応して取り除こうとする。所がその人
　　の不幸を，どうにかして切りぬけると事が出来ると，今度はこつ
　　ちで何となく物足りないやうな状態になる。少し誇張して云へ
　　ば，もう一度その人を，同じ不幸に陥れて見たい状態にさへなる。
　　さうして何時の間にか，消極的ではあるが，その人に対して可能
　　なら敵対行動をするやうな事になる。

身体の状態は，肯定的状態と否定的状態の２つが基本である。他人
が否定的状態にあれば，肯定的な状態に向かわせようとする性向が
ある。「情けは人のためならず」ということわざがある。これは，情
けを他人にかけておけば，やがて自分によい報いがあるという意味で
ある。この性向は，共助であり，助け合いであり，社会的動物の基本
であり，自然淘汰の結果である。他方，他人が肯定的状態の場合は
否定的状態に向かわせようとする性向が作用する。「出る杭は打たれ
る」には，優れて抜け出ている者はとかく憎まれるという意味がある。
『鼻』の場面に当てはめると，相対的に良い状態になった者は憎まれ，
敵意を抱かれるということになる。これも，自然淘汰を経る中で，自
然的に選択された性向であろう。たとえば，弱かった喧嘩相手が強く

なれば，自分の状態が否定的状態になる恐れが出てくる。場合によっては，そうならないように，もう一度その相手を，弱い状態に陥れて見たいような気にさえなるということであろう。

　一般化すると，ここには生存価がある。生存競争がある。力関係において，相手とほどよい均衡があって，相手の力が落ちると，同情するが，その落ちた状態がほどよい均衡状態になったあと，相手の力が元のレベルまで上がるなら，均衡が崩れたことによる反作用が生じる。ここで，感情の存在に立ち戻って，同情や恐怖といった感情が実在するかを考えてみよう。動物が獰猛な天敵に気づいたとすると，一目散に逃げる。その時，恐怖心が介在するであろうか。時系列では，天敵という刺激の知覚→恐怖→逃避ということになるのか。否，知覚→逃避である。刺激が強すぎて，逃避できない場合は，逃避反応が不十分であり，天敵の餌食になる。一方，恐怖という感情過程が介在すれば，そこで何ミリ秒かが消費される。それが命取りになることもあり，感情の存在が生存価を下げる。生存価を下げる過程は存在価値が低く，仮に存在していたとしても存続できず，消失する。万物の霊長，人間も同様である。ただし，人間の場合は，逃避中に恐怖と表現される状態を知覚できるという特性がある。それが知覚→恐怖→逃避であるという錯覚を生む。

　なお，『鼻』の場面の補足として，相手が自分と独立的にあるという条件に注意すべきである。自分の身内や友人，さらにはまったくの他人であっても，いわゆる感情移入するような相手であれば，否定的状態から肯定的状態に転じた場合，喜びこそあれ，敵意などは生じ得ない。そもそも自分自身が否定的状態から肯定的状態に転じるなら，そこには喜びしか起こらない。

堀辰雄（1904-1953）の『美しい村』につぎの文がある。

　　何故つて，私がこの丘に来た時は，いつも私に何か悲しいことが
　　あつて，それを肉体の疲労と取り換へたいためだつたからな。

ここでは，つぎの2点に注目したい。1つは，感情を物品のようにと
らえ，「取り換へたい」と表現している点である。悲しみも疲労も物
品であり，取り換えられる。しかし，悲しみも疲労も非物質であるの
で，これは比喩表現である。もう1つは，「肉体の疲労」という表現
である。疲労は通例，肉体が主語として含意されるので，省略可能で
ある。それに対して，悲しみの主語は，一般的にも認知主義的にも心
であり，「心の悲しみ」になる。それに対して，あまり使わない表現
としては，「心の疲労」と「肉体の悲しみ」がある。主人公の私は，
「心の悲しみ」と「肉体の疲労」を取り換えたいので，心の悲しみの
ほうが肉体の疲労よりも否定的度合いが高いことを意味している。そ
こで，認知主義者に尋ねたい。心の悲しみのほうが肉体の疲労よりも
否定度が本当に高いのか。多くの認知主義者は，しかりと答えるであ
ろう。では，否定度の低い疲労が否定度の高い悲しみと簡単に交換で
きるのか。普通，交換は等価の物品でなされるはずである。おそらく，
認知主義者は答えに窮するであろう。
　行動主義では，およそつぎのように説明される。心は生物ではなく，
肉体をもっていない。だから，あえて「悲しみ」ということばを使う
なら，「肉体の悲しみ」になる。しかし，「悲しみ」は不要なので，代
わりにより基本的な「否定状態」を使う。「疲労」も「否定状態」である。
それぞれ否定的であるが，どのような状態か。「悲しみ」は，大切な

対象を失うという否定刺激から生じる反応であり，「疲労」は肉体を使いすぎて機能障害が生じるという否定刺激に対する反応である。主人公の私は，大切な対象の喪失にかかわる否定刺激は自由に制御できないが，肉体を使う機能障害にかかわる否定刺激は制御できる。通常，2つの否定状態は同時には起こらない。2つの否定状態を同時に知覚しない。したがって，はじめの否定度の高い状態を弱めたいなら，後続の否定度の低い状態を起こせばよい。主人公のみならず一般に人は，過去の刺激，反応，強化の連鎖の連続によってこのような行動パターンを形成している。

　このような行動パターンを文学的には，あるいは一般的にも「悲しみと肉体の疲労の取り換え」と表現する。悲しみや疲労を行動主義者のように否定状態と表現するのは，無味乾燥であり，まどろっこしい。行動主義では，「心の悲しみ」のような比喩表現の存在を否定するわけではない。そのような比喩表現を普通のコミュニケーションで使用すべきでないと主張しているわけでもない。要は，行動を科学的に説明し，予測するためには，そのような比喩表現は不要であるということである。

　行動主義では，心的行動は身体的行動である。感情のような非物質の振る舞いを心的行動と呼ぶと，心的行動は，身体的行動の副産物であり，副産物という心的行動である。副産物である非物質が身体行動に影響を与えることはない。影響を与えるという考え方は発生順序と合致しないばかりか，アナクロニズムであり，アニミズムであるというほかない。

第3節　知能指数 IQ より感情知能 EI か

　つぎの現象を考えてみよう。同じプレゼントをもらう場合，意中の人からもらうととても嬉しいが，そうでない人からもらえば，それほど嬉しくない。ドアに手を詰めて，とても痛い場合，誤って自分で手を詰めて自分に怒りを向けることはないが，他人が誤ってドアを閉めてそばにいた自分が手を詰めれば，その相手に対して怒りをぶっつける。自宅が火事で全焼するという悲劇に見舞われたとき，自分の火の不始末が原因である場合，隣家の延焼による場合，放火が原因であると判明する場合，起こる感情は異なる。

　これらいずれも，プレゼントという刺激，手を詰めるという刺激，自宅が全焼するという刺激は同じであっても，その刺激を取り巻く条件や状況が異なれば，感情も異なるという例である。これは，感情がただちに自動的に生じるのではなく，因果関係の解析，解釈を伴うことを意味する。そして，解析され，解釈されたあとに感情が起こる。解釈がなされなければ，多くの場合，感情は起こらない。自分でドアに手を詰めた場合，痛みしかない。そこでの痛みの原因は自明で，そこには単純な解析や解釈，単純な過程である。しかし，誰かのせいでドアに手を詰めたなら，その相手に対する恨みあるいは怒りの感情をもち，怒鳴るという反応をするかもしれない。概して，社会的な人間関係の中での刺激と反応の因果関係の解析・解釈が誤っていれば，誤っ

た感情が起こり，誤った対応をして由々しき結果をもたらすことも少なくない。図 4.3 は，解析・解釈をまとめて解釈として，感情過程を示している

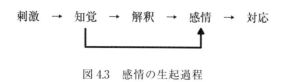

図 4.3　感情の生起過程

図 4.3 において，解釈は重要な過程である。妥当な解釈をするためには，事象の因果関係を把握する必要がある。因果関係の把握は，易から難までいろいろあって，難易度が高い場合は，高い知力が求められる。状況判断は，事例の発生状況，行為者，受益者や被害者などの的確な判断を必要とする。高い知力がなく，状況判断を誤れば，悲惨な結果を招く。ここに，感情知能と呼ぶ能力が関与していることは納得でき，その社会的個人的重要性も理解できる。

　一方で，図 4.3 は解釈を飛び越えて感情を起こす経路も示している。たとえば，痛みも感情であるとすると，解析と解釈なしに感情が起こる。しかし，その感情の直後に解析と解釈がなされ，たとえば痛みなら，これから止血の処置がうまくいかなかったどうなるだろうかといった不安や悲しみなど，さらなる感情が惹起される。このように，いずれの場合であれ，感情に解析と解釈が密接にかかわる。解析と解釈は知能にかかわる。そうすると，感情知能とも呼べる概念が創出されるのもうなずける。

　同時に，本節の「知能指数 IQ より感情知能 EI か」が正しい問いかという疑問が生まれる。図 4.3 の過程がおおむね正しいとすると，

IQ は図 4.3 の刺激から解釈までの過程を表し，EI は刺激から感情までの過程を表す。そうすると，EI は IQ プラス感情ということになる。よって，「IQ よりも EI か」という問いは，「100 m 走よりも 200 m 走か」という問いと似ているかもしれない。さすれば，この問いは誤りというよりも，あまり意味がないようになってしまう。そこには，刺激の種類や質によって，感情が付加するかしないかという違いだけしかない。

　とは言え，一般的には，知能と感情は並列され，区別される。Culver（1996）は，私たちは，2 つの心，考える心と感じる心，を持っていると述べている。前者を能力と見なすと，知能指数 IQ によって測定される。同様に，後者も能力と見なすなら，感情知能である。Mayer & Salovey（1995）は，感情知能を，自己と他者の感情の認知，構成，調整という感情情報を正確に効率的に処理する能力と定義している。それは，図 4.3 の全体過程にほぼ相当すると言えるが，認知という用語は，知覚，解析，解釈を含み，曖昧である。感情を行動とすると，行動の起点から終点までを示す図 4.3 が感情知能を把握するうえで，より有効であろう。ただし，図 4.3 は感情過程を示しているが，感情知能というときは，自己および他者の感情過程を理解することも含むということを銘記しておくべきである。

　なお，前節で言及したように，James（1890/1950, p. 450）が悲しいから泣くのではなく，泣くから悲しいと述べている。これを図示すると，図 4.4A のようになる。

A
刺激　→　知覚　→　解釈　→　対応　→　感情

B
刺激　→　知覚　→　解釈

感情

対応

C
刺激　→　反応1　→　反応2　→　反応3　→　反応4

図 4.4　感情の生起過程の別解

　図 4.4A では，刺激の解釈が終わると泣くという対応がなされる。それが悲しいという感情を惹起する。しかし，感情内部過程は，推測するに100ミリ秒単位くらいで進行すると思われるので，Jamesの直感が正しいとは限らない。図 4.3 の別解釈として，図 4.4B が考えられる。図 4.4B では，解釈が終わると，2つの反応，悲しいという感情と泣くという行動がほぼ同時に続く。あるいは，どちらかが数十ミリ秒早いかもしれないが，その差は有意ではないと考えられる。

　ここで，行動主義が登場するなら，図 4.4A の翻訳としては，図 4.4C のようになる。刺激のあとは，反応1（知覚），反応2（解釈），反応3（対応），反応4（感情）という超単純な連続反応群である。もう少し正確には，反応1のあと，反応1が刺激2となり，その刺激2の反応が反応2となり，といった具合である。また，上述したように，感情が主として社会的行動であるならば，反応3と反応4が主として他者を考慮しての反応ということになる。一方，ことばを獲得し，進

化してゆく中で，反応1を「知覚」と呼び，反応2を解釈と呼び，というように意識される過程に名称を付与していったということは力説すべきである。それは，コミュニケーションや自己の思索のうえでは効果的であったが，基本的に刺激に対する反応であるということが覆い隠されるという代償を払うことになる。行動主義の仕事の1つは，その覆いを取り払うことと言える。

　この余談はさて置き，本節の「知能指数 IQ より感情知能 EI か」の問いに戻ると，EI が IQ よりも学校や社会における成功度をより高い精度で予測するとまでは言い切れないが，より包括的な EI のほうが IQ よりも人間の重要な能力であると結論できる。なぜなら，人間の核心を表しているからである。人間は社会的存在である。Parkinson（1996）が力説するように，感情は社会的である。そうすると，感情知能が高いことは，社会適応，環境適応が高いことを含意する。社会適応度が高いことは，幸福度が高いことを意味する。Palmer et al.（2002）は，16歳から64歳の男女合わせて107名を被験者として感情知能と生活満足度（幸福度）との相関を調べた。注目できる結果は，「自分の感情は，たいていはっきりと認識している」といった「感情の区分能力」と生活満足度との相関が.45（$p < .001$）など正の相関が得られた。この理由として，自分の感情を客観的にはっきりととらえることができれば，たとえば悲しい感情をきちんと認識し，それを取り去る適切な対応ができるからだとしている。図4.3で見ると，感情が明瞭に把握できれば，対応が可能になる。これらを踏まえて，Palmer et al.（2002）は，感情知能が生活満足度の個人差を十分に説明すると結論づけている。この感情の区分能力（明瞭化）は，「自分の感情をはっきりと言える」とか「どんな感じか表現できない」といっ

た被験者の内省報告に基づく。梶井基次郎の「えたいの知れない不吉な塊」は明瞭度の低い感情を表している。そのような内省報告は，梶井の感情区分能力が低いことを示唆する。それは，残念ながら，その後の不合理的な行動へとつながってゆく。そして，そこには生活不満足が横たわる。

　感情知能という用語は学術論文 Salovey & Mayer（1990）で最初に出現した。その後，Goleman（1995）の広報的な貢献があり，世間に知れ渡るようになる。研究は勢いよくなされていて，さまざまな知見が学術誌に示されている。本節で，それらがカバーできないのは残念である。関心の高い読者は，独自に論文にあたってもらいたい。

　まとめに代えて，日常生活での助言をしておきたい。すぐ怒る者は，感情知能が概して低い，ひいては教養が低いとみてほぼ間違いない。対して，おっとりし過ぎている者も同様に低いと言ってよいであろう。あるいは，昨今，さまざまなハラスメント被害が報道されている。セクハラ，パワハラ，アカハラ，モラハラなど，対人間のパターンによって名称は変わるが，要するに被害者側が不快感を抱けば，行為者の故意の有無には関係なく，ハラスメントと見なされる。人は社会的存在であるので，適宜，接する人々に最適な対応をすることが望ましい。そのためには高い感情知能を有することが求められる。現時点で高い感情知能を有していなければ，それを今から培う努力をする必要がある。では，どのような努力をすればよいのだろうか。それを考えるのは，独自の環境の中にいる自分自身であり，高い感情知能を駆使するしかない。

付録　痛みと心と体

　痛みは人類共通の敵である。それがないに越したことはないと思われるかもしれないが，進化の過程で，私たちが依然として痛みを持っているという事実は，その存在意義をうかがわせる。医学的には，Braunwald et al.(2001, p. 55)によれば，痛みは，病気の兆候と解釈され，痛みの感覚システムの役割は，組織を損傷する過程を感じ，場所を見つけ，同定することである。それが痛みの存在意義なら，痛みを正面から有難く受け入れるべきであろう。

　筆者が経験した限りでは，痛みはやがて消失し，そのあと安堵感を享受できる。真夜中，腹部に激痛を感じ，妻が救急車を呼んだ。救急車の中で，痛みが頂点に達した。痛みでのたうち回るという表現があるが，のたうち回ることすらできない。呼吸もかろうじてできるくらいであった。夕食で食べたものも戻し，痛みの原因もわからず，このまま死ぬのかと思った。瞬間的に，妻や娘のことや死んだ後のことを思った。しかし，市民病院に着いた時には痛みのピークは去っていた。検査の結果，尿路結石であることがわかった。今思えば，あれほどの痛みにも，やはり生存価がありそうにも思える。

　しかし，痛みを取り巻く感情は，御し難い。人生の中で痛みを経験しない人はいない。「痛みで悲しくなる」という表現は，痛みが感情であると思わせる。しかし，そこには時系列的な変化がある。痛みは感覚であり，それが解釈されて悲しみが起こるというのがデカルトをはじめ，一般的な解釈であろう。それゆえ，痛みを本章の感情というテーマとは別個に，ここで扱う。痛みを感情ではなく，感情を引き起こす刺激として解釈することはできる。視覚という感覚が赤いバラを

知覚して，美しいと感じる時，視覚自体を感情と解釈しないのと似ている。しかし，赤いバラを知覚することは，甘い知覚をすることであり，つぎに美しいという解析と解釈がなされると考えることもできる。そうすると，痛みも辛い初期感覚であり，初期感情と見なすことができる。

　では，人間が二元論の心と体からできていると仮定すると，痛みは心に起こるのか，体に起こるのか，両者に起こるのか。「心の痛み」と言えば，心に痛みが起こっている。「足の痛み」と言えば，体に痛みが起こっている。「痛み」は普遍的な感覚である。喜怒哀楽に該当しないが，Russell（1921/1971, p. 29）は，痛みを喜びの逆ととらえている。そうすると，痛みも感情である。喜怒哀楽の喜を＋／－の変数とすると，痛みは－喜びで，通常の喜びは＋喜びと表すことができる。これは，行動主義のことばに容易に言い換えることができる。痛みは体の否定反応であり，喜びは体の肯定反応である。「私は彼女の心を傷つけてしまった」という表現は，「心」なしに表現できる。第2章第4節，漱石の『こゝろ』の中の「心」で見たように，単に省略すればよく，「私は彼女を傷つけてしまった」になる。もしくは，「彼女に，内的な否定反応を起こさせてしまった」でもよい。これに対して，比喩表現は，原語表現をわかりやすくするための技法である。前者の場合，「心」を削除すれば，どこが傷ついたかわからないではないか。後者については，「傷つける」という鋭い比喩を削除すると，コミュニケーションにおいて効果的でなくなるのではないか，という反論がなされる。しかし，引用の「私」は「心」の意味が分かっていない。心という実在しない概念を加えても，わかりやすくなっているとは言い難いので，削除する。「彼女の心」の意味がわからないなら，それ

が傷つくということもわからない。わからないまま「心」を使うより，それを使わないほうがよい。

　心が物体として実在しなければ，感情も物体として実在しない。「心が痛む」という表現はよく使われる。しかし，心は生き物という物体，生命体ではないので，心がほんとうに痛むことはなく，「心が痛む」は比喩表現である。では，原語表現は何であろうか。「痛い」は広辞苑の定義では「心身に強く感じるさま，または心身を強く刺激する状態を表す」となっている。ここでは，感情とは何かを検討するので，定義前半の「心身」と「感じるさまは」はすでに感情を含んでいる。それを削除しようとすると，「心身」は「身体」，「感じるさま」は「刺激するさま」になり，「身体を強く刺激するさま」になる。そうすると，後半の「心身を強く刺激する状態」は，同じく「身体を強く刺激する状態」となって1つの定義に落ち着く。心は物体ではないので，刺激できず，「身体を強く刺激する状態」という表現は理にかなっている。つまり，「心が痛い」の言語表現は，「該当する身体を強く否定的に刺激している」である。実に，淡白な表現になる。

第 5 章
幸せをたずねて

吉永小百合の『勇気あるもの』（佐伯孝夫作詞）につぎのフレーズがある。

　　しあわせは何処にある　探しながらゆこう
　　果てしない旅だけど　笑いながらゆこう

チルチルとミチルの幸せの青い鳥は幸せを探し求める旅の童話である。幸せはどこにあるのか。幸せも，心と同様，物体ではないので，見つけて手でつかむことはできない。では，どのようにして幸せの正体を見つけることができるのであろうか。すでに心の正体を見て，知見を得たこの段階では，幸せの正体を見る準備は十分にできている。注意すべきは，心が無数の意味をもち得るように，幸せも無数の意味をもち得るということである。Veenhoven（2014）は，もっとも広い意味では，全体的な QOL（生活の質）を，もっとも限定的意味では，至福の瞬間をあげている。

第1節　幸せの正体

　幸せとは何ぞや。Averill & More (2000) によれば，幸せは人々がもっとも求める対象であるけれども，心理学の感情研究分野の中でもっとも論じられない部類に入る感情である。なぜなら，幸せとは何かについての統一的な見解がないからであるという。ただし，21 世紀に入って，幸福の科学的研究は大いに躍進しつつある。たとえば，*Journal of Happiness Studies* というトップクラスの学術誌には優れた研究が次々に発表されている。

　ともあれ，茫漠としてはいるが，幸せは存在する。では，その幸せは，一体どこにあるのか。この問いも本章のタイトルも，比喩的表現である。この比喩表現から原義を求めると，幸せとは何かが明白にできるはずである。辞書の定義は，例によって循環定義である。したがって，ここで幸せを独自に明らかにし，その正体を捉える。

　幸せは，感情の 1 つであるが，ほかの多くの感情と重なり合う。喜び，楽しみ，愉快，心地よさ，笑い，嬉しさ，満足，すがすがしさ，軽やか，さわやか，ほがらか，うららか，なごやか，成功，健康などが幸せとかかわることばである。これらのことばを幸せのことばと呼ぶことができる。それに対して，悲しみ，苦しみ，憎しみ，痛み，不快，怒り，辛さ，不満，恨み，ねたみ，憂い，いじめ，倦怠，幻滅，うんざり，残念，憔悴，空腹，けが，病気，貧困，破壊などは，不幸せな

ことばである。

　それでは，幸せな生活は，喜びや笑いに満ち満ちていて，悲しみや苦しみのない生活を意味するのであろうか。答えはノーである。人は四六時中喜んだり笑ったりすることはできない。すでに述べてきたように，たとえば喜びが飽和状態になれば，その喜びはもはや喜びではない。ある出来事の中で起こる笑いの中で，1分以上続く笑いはきわめて稀であろう。これを喜びに当てはめると，生活の一場面で見られる喜びも，1分以上続く喜びは少ないであろう。それ以上長く続くとしても，喜びの強さは，最初の喜びから減衰しているはずである。入学試験合格発表で，合格した女子生徒と母親が抱き合って喜ぶ風景がテレビで映し出される。満面の笑顔，飛び跳ねる喜び，まことに幸せな場面である。しかし，2分も3分も抱き合ったり飛び跳ねたりすることはない。

　飲食について数秒単位で見てみよう。ビールは，1口目が何ともうまい。至福の瞬間である。その至福が2口目，3口目となると，少しずつ薄れる。これはビールに限らない。コーヒーしかり。紅茶しかり。食べ物では，果物や炊き立てのごはんなど，最初の1口は香りや味が際立つ。

　日単位で見るとどうであろうか。幸せの持続日はどのくらいであろうか。物事に興味をもってもすぐに飽きることがある。「三日坊主」は飽和が早く起こることを示している。ピカピカの1年生は何日くらいピカピカであろうか。大学生に関しては，2, 3週間くらいかもしれない。残念ながら，新緑のごとき輝きを放つ新入生も，やがて5月病を患うケースも少なくない。

　ここで認識すべき重要な真理の1つは，幸せの持続時間が短いとい

うことである。幸せのあとに続くのは不幸せである。客観的には中立
であろうが，相対的に見れば，幸せが過ぎれば，不幸せである。人は
多くの場合，二分法で事態を判断する。気温に対しては暑いか寒いか，
値段は高いか安いか。4月ころになると，「暑いのか寒いのかよくわ
からない」と言う。「ちょうどよい」とはあまり言わない。同様に，
人は幸せか不幸せかを二分法で判断しようとする。

　冒頭に掲げた『勇気あるもの』の「笑いながらゆこう」は，まさに
それ自体が幸せの場面である。そこに幸せがある。さらに，以下が続
く。

　　友とかなしみ語るとき　明日のたのしさ語るとき
　　このくちびるに勇気が湧いてくる

友とかなしみを語るときも，幸せ感が漂う。友がいて，悲しみを描写
し，それについて私情を語る。ロマンがあり，あたかもあと一歩先に
幸せがあるかのごとしである。友がいて，明日のたのしさを語るとき
は，まさに至福のときそのものではないか。吉永小百合が歌えば，よ
り一層ロマンチックな幸せでムードが満ちる。幸せは，今そこにある。
おそらく，作詞者も含めてこの歌を聴く多くの人々がそれに気づいて
いないかもしれない。青い鳥と同じように，幸せは正体を隠して，今
ここにある。高橋掬太郎作詞の『ここに幸あり』の1番の後半は，つ
ぎの通りである。

　　君を頼りに　私は生きる
　　ここに幸あり　青い空

君がいて，今ここに青い空を見上げる。これが幸せというものである。広く大きな青い空，澄んだ空気，爽やかな風，生物の根源的な喜びがここにある。それに反応する Damasio（1995）の繊細で微妙な体内標識を，自己感応する。それができたとき，そこに幸あり。そのような感性は，すばらしい。この歌は，幸せが今ここにあることを発見した最初の歌かもしれない。そして，行動主義的見地からは，青い空に幸せを感じるのは，心ではなく，体全体である。

　しかし，非常に多くの場合，今ここにある幸せが見えない。感じられない。なぜ見えないのであろうか。なぜ感じられないのであろうか。幸せの正体は，当事者には見えにくい。そこには2つの理由が考えられる。まず，人は同時に2つのことを意識することができない。友に明日のたのしさを語るとき，明日のたのしいイメージをことばに紡ぐ。そこに意識が向くとき，それを語る自分の状態をじかに意識することができない。語り終え，あとで1人静かにそれを反芻するとき，ほのぼのとした幸せ感を抱くであろう。反芻しなければ，あの場面は夢まぼろしのごとく消えてゆくかもしれない。第2の理由は，より根本的である。そもそも感情を感じること，感情を意識することは容易ではない。高い自己刺激感応力を必要とする。少なくとも，感情を感じる能力は，前章で見たように，個人差が大きい。相手の感情を理解し，評価する能力，自分の感情を正しく感じ，それを適切なことばで表現する能力は，必ずしも容易ではなく，したがって大きな個人差が出てくる。

　それでは，なぜ自分の感情を冷静に感じ取ることが難しいのか。それは，自分の心が見えにくいといった漠然とした答えでは埒が明かない。行動主義に基づけば，感情表出という行動が，鏡やビデオなしに

じかに観察することができにくいことに起因する。自分が歩いている
とき，どのようなスタイルで歩いているかを把握することは難しい。
自分がある感情を抱いている際，その感情表現を把握することはさら
に難しい。幸せは，感情である。いや，行動である。直接感じる感情
は今ここで行動しているここにしかない。瞬間的とも言える。瞬間，
瞬間，連続的に起こらなければ，数秒後には消え去る。それが幸せを
保持し難い理由である。

　一方，興味深いことは，他者がたとえばその当人の歩く姿はもちろ
んのこと，その感情を観察したり推測したりすることが当人よりもよ
り容易にできる。「傍目八目」は，第三者が物事の是非など状況を当
事者よりも妥当に評価ができることを意味する。誰かに「君は幸せだ
な」と言われると，「そんなことはないよ」と言わずに，「そうだね」
と素直に受け入れたい。

　個人差の問題が起これば，行動主義は行動の意味を強調することに
なる。多くの個人差は生活習慣に帰することができる。習慣は行動の
繰り返しを意味する。感情を感じ取る基礎的力は幼少期から発達す
る。子育ては，感情育てととらえるなら，大きな展望が開けるのでは
ないか。

第2節　禍福はあざなえる縄のごとし

　不幸せは，幸せと対極をなす。そうすると，幸せな生活は，不幸せのない生活ということになるのだろうか。否，幸せは，不幸せ，より正確には，不幸せおよび中立の状態を必要条件あるいは前提としている。先に，喜びなどがあふれる生活が幸せな生活であると言えると述べた。そこで注意すべきは，「あふれる」とは，悲しみなどがないという意味ではない。喜びが長時間にわたって持続することはあり得ない。喜びあるいは幸せは，非喜び，非幸せと比しての状態を意味する。ここに，「禍福はあざなえる縄のごとし」を掘り下げて考える意味がある。

　これら幸せや不幸せにかかわる感情の種類は無限にある。しかし，単純化して，肯定的，中立，否定的と3分割すると，幸せは肯定的な感情，不幸せは否定的な感情ということになる。そうすると，幸せな生活とは，肯定的な感情がちりばめられた生活ということになる。ここで，ちりばめられるということが必要である。喜びや楽しみや嬉しさは，ずっとその状態であり続けることはできない。第1章で見たように，喜びが飽和状態になれば，それはもはや喜びではなくなる。

　それは何を意味するのか。「禍福はあざなえる縄のごとし」ということわざが核心をつく。生活の中には，禍もあり，福もある。これらが交互に起こるということは確率的には低く，このことわざが現実

を忠実に反映しているとは言えない。しかし，禍または中立があって
こその福であり，福または中立があってこその禍である。ゆえに，禍
または中立が福の必要条件であり，福または中立が禍の必要条件と
いうことになる。Russell（1930/1975）によれば，ミケランジェロは
（1475-1564）とても不幸せな人であったらしい。極貧から逃れるため
に多くの大作を創造したという。しかし，長い目で見れば，貧困とい
う禍から芸術の発展という福を経験したのではないか。

　このように，福であるためには中立もしくは禍が必要である。では，
福と中立と禍はどのように定義されるのか。注目すべきは，福と禍は
強度があることである。強い福から軽い福まで幅がある。禍も辛い禍
から軽い禍まで幅がある。それを踏まえて，変容を見てみよう。禍か
ら中立に変容するとすれば，肯定へ向かう変容であり，それを福と呼
ぶことが可能である。また，中立から福への変容も肯定へ向かう変容
であり，それは正真正銘の福である。では，禍から中立へ向かう福と
中立から福へ向かう福とは，どちらが大きく強い福であろうか。実際
には，一概に言えない。個人差があり，状況によっても千差万別であ
る。以下，3つの事例を見てみよう。

　歌人河野裕子（1946-2010）の2011年没後刊『わたしはここよ』（p. 39）
につぎのような述懐がある。

　　病は気からということばがあるが，あれは半分当たっているけれ
　　ども半分は違うような気がしている。こんど病気をしてからの実
　　感である。率直に言えば，気は病からというのも半分は当たって
　　いると思う。病気の苦しみは正気をなくさせることがあること
　　を，この3年のあいだ私は思い知らされたからである。青空はま

だこわいが毎日が青空の日ばかりではあるまい。悪いほうに考えちゃあ駄目よと森岡さんは言ったが，このことばにもうひとつ自前のことばを付け加えるなら，ゆっくりと，だろう。

　　　ゆつくりと治つてゆかう
　　　　陽に透けて横に流るる風花を吸ふ

「病は気から」も「気は病から」も半分正しいという。この病と気の双方向の因果関係は，科学的に概ね正しいように見える。気を心とする。そうすると，心の状態が悪ければ，体の不具合を起こす。半分正しいということは，心の状態が悪ければ，半分くらい不具合を起こすということであろう。科学的には，どのような病がどのような気からどの程度の確率で起こるか，どのような気がどのような病から生じるか，という疑問が出る。たとえば，沈んだ気分が，心臓疾患に悪影響することは想像に難くないが，風邪を引き起こしたり，傷を治りにくくしたりすることはないと思われる。ところが，あにはからんや，Cohen et al.（1998）は，ストレスが風邪に対する抵抗力を弱めるという結果を報告している。また，Kiecolt-Glaser et al.（1991）は，ストレスで細胞性免疫機能が損なわれ，皮膚生検による腕の傷の回復が遅れるという結果を報告している。ともあれ，本節のテーマでは，人間関係などの外からの刺激は，ほとんどランダムに降り注ぐとすると，よい刺激は体に肯定反応を起こし，ストレスは体に否定反応を起こす。それがランダムであれば，時系列的には，しばしばあざなえる縄のごとく連鎖的に起こることになる。
　逆に体に不具合があれば，心の状態の状態を悪くする。これは，経

験上，自明であり，多くの研究結果とも一致する。風邪を引いたり，けがをしたりすると，気が滅入る。したがって，「気は病から」は半分正しいというより，ほとんど正しいというのが正しいと思われる。しかし，付言すべきは，病から生じる気には個人差があり，それがその後の病を左右するということである。このテーマについても，Miller & Schnoll（2000）に見られるように膨大な研究がある。たとえば，自分の病気をくよくよ詮索する患者は，そのストレスで気が沈んだり，うつ状態になったりする。一方，おっとりタイプは，それほど気にせず，否定的感情の影響が少ない。

　まとめると，自然災害と同様に，体調不良も，ほぼランダムに起こる。そうすると，病とそれに伴う沈みがちな気分もランダムに生じる。その禍は，多くの場合，ずっと続くわけではない。その禍が終われば，続くのは福である。しかし，ここで行動主義を参上させるならば，病も沈んだ気も体の反応であり，体の不調の異なる結果にそれぞれ異なるラベルを貼っただけである。両者は，互いに影響し合いつつも，やがて快方に向かい，あざなえる縄のごとしになる

　なお，余談になるが，第3章に戻ると，河野裕子の魂が没後も力強く生き続け，『わたしはここよ』という書を出版したと言えば，デカルトになる。出版したいという遺志が刺激となって出版に到ったと言えば，行動主義である。遺志は生前の意思である。遺志と出版の間には夫君，永田和弘（1947-）がいた。河野裕子の非物体の魂が永田和弘という物体を動かしたのではなく。河野裕子の遺志という刺激に永田和弘が反応したという砂をかむような結論になってしまう。

　つぎに，イギリス人 David Niven（1910-1983）は，『007カジノ・ロワイヤル』でジェームズボンドを演じた名優である。文才もあり，

『一番幸せな男』という短いエッセーを書いている。その一番幸せな男は，フランク・グッドールという老漁師である。辛い少年期に寄宿学校での嫌なことや辛いことを話していると，それらを笑い流すことができた。魚の釣り方やロブスターのつかみ方や自然への慈しみを教えてもらった。フランクじいさんは，50年漁をしてきた。大漁が続き，それから何日も1匹も釣れないこともある。しかし，フランクじいさんは，すべてバランスが取れていると言った。ニーブンは，人生，自分にとってこれほどの教訓はなかったと回顧する。

　すべてバランスが取れている。「禍福はあざなえる縄のごとし」の別の表現とも言える。それをしっかりと認識するフランクじいさんは，やはり幸せな男であろう。しかし，このくらいの幸せな男は多いのでないか。さすれば，比較的には，フランクじいさんが一番幸せな男とは言えない。それくらいなら，自分も幸せである。自分も一番幸せであると声を大にして言ってもよいのではないか。

　最後に，森鴎外（1862-1922）の『高瀬舟』は日本で最初の安楽死についての小説であるが，もう1つ着目すべき点がある。京都の罪人が遠島を言い渡されると，罪人は高瀬舟で大阪に連れてゆかれる。それを護送するのが町奉行の同心である。同心の庄兵衛は弟殺しの喜助を護送することになった。罪人はいつも目も当てられぬほど気の毒な様子をしているのだが，喜助は遊山船にでも乗ったような顔をしている。庄兵衛はその様子を始終見ていたが，こらえ切れなくなり，訊いた。島に行くのを苦にしていないようだが，どういう思いなのか。喜助は答える。ほかの人にとっては悲しいことであるけれど，それは世間で楽をしていたからであり，自分のように苦しんできた者には，島に落ち着けることは何よりも有難い。さらに，自分はお上より二百文

の鳥目（金銭）をいただいた。それを島でする仕事の元手にしようと楽しんでいると言う。庄兵衛から見れば，二百文はわずかであり，驚く。「不思議なのは喜助の慾のないこと，足るを知つてゐる」ということであった。庄兵衛は驚異の目で喜助を見る。空を仰いでいる喜助の頭から毫光がさすように思われた。

　明らかに喜助は幸せであった。幸せの10段階尺度では，喜助は8で，庄兵衛は5くらいか。財などの多寡で見れば，喜助は2で，庄兵衛は7くらいであろう。財が多ければ，幸せということにならない。次節で述べるように，財は幸せのための必要条件でも十分条件でもない。

　ここで，本節の主旨に戻り，幸せとは何かに答えることができる。喜助は，禍から福へと変容し，福の状態にある。行動主義的には，否定から肯定への変容である。喜助にとって，1から8への変容である。しかし，今は8であっても，島に移り，そこでの生活が始まると，飽和状態となり，8から5くらいに変わるであろう。福から中和への変容である。それでは，幸せは，その都度その都度の幸せ10段階尺度の位置ということになるのであろうか。否，位置ではなく，変容自体である。尺度は起点や終点を表すが，その地点が幸せを表すのではなく，起点から終点までの移動の方向と距離が幸せを表す。それを幸せベクトルと呼ぶことができる。『高瀬舟』で描写された喜助は，長さ7で，幸せ方向なので，幸せベクトル＋7をもっていることになる。庄兵衛は5のままであるとすると，幸せベクトル0である。また，喜助が島で生活をして，8から5に変わると，幸せベクトル－3になり，これは不幸せを意味する。しかし，ベクトル位置5は，無意味ではない。喜助は過去のベクトル位置1を忘れたわけではない。喜助が昔の生活幸せベクトル位置1を思い起こし，今の生活幸せベクトル位置5

に照らし合わせるなら，幸せベクトル＋４の状態になる。そして，さっきまでの幸せベクトル－３と思い起こして得た幸せベクトルとが合流すると，幸せレベル＋１となる。

　このように，幸せは刻々と変容する。禍福という場合，禍も福も幸せ尺度の位置であり，それ自体が幸せを表すのではない。禍福が時間の流れの中で連鎖的に起こるときに，はじめて幸せや不幸せが起こる。なお，それは喜助の主観である。他者からある程度，客観的に見ると，１から２くらいへの変容ではないか。もちろん，幸せは本人が意識するものであり，他者の評価と異なる。

　あらためて，幸せはどこに存在するするのか。答えは，幸せの青い鳥のように，結局，自分たちのところにある，というほかない。幸せは自分のことである。幸せがどこか遠くに鎮座しているのではない。幸せは，ここにある。それに気づかないのは不幸せである。ある見方では人生の一場面が不幸せであっても，別の見方からすれば，その同じ一場面が幸せであるということである。

　では，人生を総括的に見れば，どうなのであろうか。人生を総括的に見ること自体あまり意義がないという考え方もある。人は，今ここに生きているからである。過去の栄光を振り返っても何もならないではないか。過去の不幸を残念がっても，得るものはないではないか。

　確かに，それは一理ある。それを否定することはしない。しかし，行動主義に基づけば，あるいは常識的にも，今ある人は，過去の行動の結果としてある。その結果は，未来の自分を決める。多くの場合，過去に起こった禍福と同じあるいは類似の禍福が未来も起こる。それゆえ，それまでの人生の一場面一場面を思い出し，それを総括的に捉えることは，現在の自分，近未来の自分を考察する上で重要である。

Russell（1930/1975）は，幸せを得るために，不幸せの原因と幸せの原因とに分けて，前者では競争，退屈，疲労，ねたみ，罪意識，迫害狂，世論恐怖症について，後者では，熱意，愛，家族，仕事，軽い興味，努力と断念について論じている。しかし，禍福論では，競争，退屈，疲労などそれぞれが禍福の中に埋め込まれ，生活が進行するということになる。そして，大切なことは，禍が訪れたとき，つぎに福が待っていると思うことである。その意味では，禍は幸せの起点である。

幸せの多層構造

　禍福はあざなえる縄のごとしは，基本である。しかし，人生が禍福の単純な数珠つなぎであるとするには単純に過ぎる。現実は禍福が重層的な構造をしている場合が多い。つまり，禍の中に禍福があり，福の中に禍福があるといった形の構造である。その事例として筆者のエピソードを見てみよう。

　プロ野球広島カープの試合を妻と観戦していた。外野席から身を乗り出すようにピッチャーやバッターや外野手の動きなどを凝視していた。そのとき，突如，左のハムストリングス（大腿二頭筋など）に痙攣が走った。強烈な痛みとなったが，妻に告げると大騒ぎをするので黙っていた。ピークは約10秒続き，徐々に治まった。ほっとしてゆっくり患部をマッサージして落ち着いた。そして試合という現実に戻った。ところが，2，3分して，なんと今度は右のハムストリングに同等以上の痙攣がきた。うめき声を出しそうになったが，そこはぐっとがまんした。その強い痛みもピークは10秒程度であった。それから，ひそかに硬直した患部をマッサージして再度，試合の観戦となった。

そのとき，痙攣が起こる前よりも幸せな気分で試合が楽しめたように思えた。翌日の朝，ハムストリングを触ってみると，柔らかくしなやかになっているような感じがして嬉しくなった。めでたし，めでたし。同じ出来事が，当時は禍であっても，時間が経過すれば福になる。失恋なども，その例であろう。

このエピソードでは，痙攣の連鎖の間に回復の喜びが挿入され，禍福禍福になる。しかし，それは小さな禍福であり，試合観戦という大きな福の中の禍福である。このような二層的な禍福は，注意しなければ見過ごしてしまう。否，普通ほとんどの場合，私たちは禍福を一層しか感じ取っていないのではないか。『高瀬舟』の喜助の物語は，禍の中の福そしてその後の禍として見ることができるであろう。

では，最大で何層構造になるのだろうか。ここで，感情，気分，性格を持続時間によって定義してみよう。感情は短い。1分以内である。気分（ムード）は，数分から数日間と長い。性格は数年以上と定義できる。つまり，持続時間は，感情＜気分＜性格となる。そうすると，ある性格の中にある気分が起こり，ある気分の中である感情が起こる。そうすると，多くの場合，感情の三層構造が基本ということになる。たとえば，性格が明るい人が明るい気分でいるとき，暗いニュースが飛び込んできたけれど，それから明るい出来事が起こるとすると，福の中に福があり，その福の中で禍福が連続するといった具合である。

第3節 幸せを測る

　幸せとか不幸せは人生において大切な出来事である。行動主義は，幸せを肯定的反応，不幸せを否定的反応ととらえる。その根源は生存価に遡ると思われる。進化の過程で，肯定的反応は生存価が高く，否定的反応は生存価が低いことを意味する。生存価が高いということは，自分が生き続ける，子孫を残すなどを意味する。生存価を0から10点の11段階尺度で表すとプラスは6-10点，マイナスは0-4点になる。したがって，幸せは，6-10点の範囲で，不幸せは0-4点の範囲で表される。たとえば，今は幸福度が7点ですと言うことができる。行動主義では，今は肯定状態が7点ですという淡白な表現になる。ともあれ，普通に生きていれば，生きているだけで肯定的であり，どの国民であれ，尺度上5点を超えるはずである。Veenhoven（2010）は，生活満足度（幸福度）を11段階尺度で国際比較の結果を示している。主な国の平均値は，デンマーク8.4，スイス8.1，メキシコ8.0，それから下がってアメリカ7.0，インドネシア6.6，日本6.2，中国6.0，ロシア5.4で肯定的となっているが，イラク4.3，ジンバブエ3.2で否定的である。否定国の生活は異常というほかなく，肯定国からの援助が強く求められる。

　幸せ不幸せは，いろいろな感情や心の状態を代表している。一般的あるいは認知主義的には，それらは個別の形容詞や名詞で表現されて

いて，幸せ不幸せとは，ややもするとかけ離れているように見える。行動主義的には，プラスからマイナスまでの一元論的である。たとえば，妬みは4点，風邪をひいて苦しみ度3点，回復して元気度6点，初めて失恋して悲恋度2点，新たに恋人を見つけ，幸せ度7点，2回目に失恋して4点，大学2年で留年して失望度3点，3年でまた留年して2点，何とか卒業できて喜び度6点，などと人生の通過点で，プラスマイナスが織りなす。「禍福はあざなえる縄の如し」とか「塞翁が馬」と言える場合が多いかもしれない。大局的には，このような単純明快な尺度で見れば，人生がもっと単純で対応しやすくなるであろう。言い換えるなら，つぎから行動しやすくなるであろう。

　行動主義から見ると，いずれも刺激に対する体の反応である。その刺激は，偶発的で運不運である場合も少なくない。

　では，どうすれば幸せを測ることができるだろうか。ここでは，およその目安を提案する。幸せの大きさを幸福量として，つぎのように定義する。

　　　幸福総量　　　　＝　幸せの強さ　　×　時間
　　　不幸総量　　　　＝　不幸せの強さ　×　時間
　　　実質幸福総量　＝　　幸福総量　　　－　不幸総量

幸せの強さは，11段階尺度により主観で示すか，「幸せ物質」とも呼ばれる神経伝達物質のセロトニンなどの量で計測するかなどで数値を得ることができる。時間は，その継続時間である。不幸せも同様に測定できる。幸せ不幸せの強さは，連続的に変容するので，時系列に沿って曲線を描く。したがって，人生の幸せの総量を得るためには，幸せ

曲線と不幸せ曲線を時間で積分する。その差が幸せの実質総量である。このような幸せの指標が与えられると，幸せの実質総量を主観的に推定することができる。

　それでは，著名な人物の中で誰が幸せで，誰が不幸せであっただろうか。幸せの強さマイナス不幸せの強さがプラスで，そのプラスはほぼ一定で個人差が少ないと仮定すると，時間で実質総量が決まる。すなわち，長生きすればするほど，その人は幸せであったということになる。たとえば，著名人では，中曽根康弘（1918-2019）や日野原重明（1911-2017）や瀬戸内寂聴（1922-2021）が，実質幸福総量が大であったと言えるであろう。反対に，実質幸福総量が小だった人物は，芥川龍之介（1892-1927）や宮沢賢治（1896-1933）であろう。三島由紀夫（1925-1970）や川端康成（1899-1972）は終わり方が不幸と言わざるを得ない。

　しかし，今こういう有名人と比べてみて，そのような人たちが自分よりもはるかに幸せであるとか，自分もそのような人のように幸せになりたいと思うだろうか。答えは，ノーであろう。自分のほうが幾ばくか，あるいははるかに幸せであると思うのではないか。なぜか。それは第1章で述べた Zajonc（1968）の頻度仮説で説明される。自分はもっとも身近でもっとも好きな人物である。すなわち，ここに幸あり。

　残念ながら，それは気づきにくい，それは見えにくい。ゆえに，幸せをたずねて，果てしない旅を笑いながらゆく。

この世で一番大切なもの

　神様がいて，もっとも欲しいものを何でも1つ授けると言われる

と，読者は何が欲しいと答えるであろうか。以前，学生にこのような質問をしたところ，10億円，健康，恋人，高い知能，世界旅行，世界平和,幸福などの答えが返ってきた。10億円は物品への欲望であり，健康と高い知能はよりよい体への願望であり，世界旅行は自分の行動についての希望ということになる。世界平和は過ごしやすい環境を表す。幸福は，それらすべてに大なり小なりかかわる広域にわたる漠然とした答えである。

　Joshua L. Liebman（1907-1948）のつぎのエッセーは，欧米ではよく知られている。筆者は若いころ，このエッセーに遭遇し，人生訓を得たと思い，喜んだ。このエッセーの著者は，少年期に人生の中でもっとも望むべきもの，もっとも大切なもののリストを作成した。それは，健康，愛，美，才能，権力，富，名声であった。それを自信をもって，聡明で精神的な模範である先輩に見せた。先輩は，よく出来ている，内容もよく，順番も悪くないと答えた。しかし，もっとも大事なものを忘れている。それがなければ，これらを持つこと自体がとてもひどい苦しみになると言った。そんなものが一体あるのか。それは何か。先輩は，そのリストに書かれた要素をすべて消し，peach of mind（心のやすらぎ）と書いた。神は才能と美を多くの人々に与える。富は普通だ。名声も稀ではない。神は心のやすらぎをごくわずかな人にしか授けない，と先輩は言った。ほとんどの人々はそれに恵まれない。ある人々は一生涯を通してそれを待ち続ける。高齢になるまで待ち続ける。

　この話は，衝撃的であった。ほとんどの人々が心のやすらぎに恵まれない。ほとんどの人々は，そもそもそれが人生のもっとも根幹的なものであることに気づいていない。心のやすらぎは，幸せと言い換え

てもよい。しかし，それは健康や愛や才能や富とは独立しているのみ
ならず，それが欠如しているということは，苦しいということであり，
健康であっても，愛があっても，富があっても，苦しいということで
ある。

　しかし，あれから数十年を経て，高齢者になり，当時見えなかった
重要な点を指摘したい。人生の中でもっとも望むべきものは，心のや
すらぎである。これは真である。行動主義的には，心のやすらぎの代
わりに体のやすらぎであるが，ここでは便宜上，心とする。心のやす
らぎは，微妙なニュアンスを取り払うと，幸せあるいは安心を意味す
る。反意語は不幸せあるいは不安である。行動主義的には，肯定的反
応と否定的反応になる。つまり，二分法になる。「非常に心がやすらぐ」
と「少しやすらぐ」とは差がなく，等しく「心がやすらぐ」と定義する。
そうすると，時系列で無限に起こる刺激に対して，常に肯定反応を起
こすことが可能かどうかという疑問が生じる。具体的には，健康，愛，
美，才能，権力，富，名声が備わっている状況で，それらの総計を凌
駕し，心のやすらぎを破壊する否定的刺激があるのであろうか。還元
すると，心のやすらぎは，これらの要因と独立しているのであろうか，
あるいは独立し得るのであろうか。心のやすらぎは，ときにこれらと
独立し得るが，常に独立しているわけではないのではないか。ほかの
条件が一定であれば，いずれも多かれ少なかれ心のやすらぎと正の相
関関係を有するはずである。すなわち，心のやすらぎを従属変数（目
的変数）とすると，健康，愛，美，才能，権力，富，名声は独立変数（説
明変数）である。テクニカルには，ロジスティック回帰分析を行うこ
とになるが，これらの独立変数の値がすべて負であれば，心のやすら
ぎが肯定的，正ではあり得ないのではないか。逆に，その独立変数の

値がすべて正であって，心のやすらぎが負になることはあり得ないのではないか。

　具体例を挙げる。健康，愛，美，才能，権力，富，名声は，すべて心，つまり体の反応にかかわる要素なので，１つずつ検討するに値するが，以下では，健康と愛のみについて述べる。まず，それぞれを尺度とする。従属変数の心のやすらぎは，幸福度であるが，ここでは＋１と－１で表す。独立変数は，反意語あるいは対義語として見ると，健康と不健康（あるいは病気），愛と憎（あるいは無関心），美と醜，才能と無能，権力と非力，富と貧困，名声と無名から尺度ができる。しかし，それぞれを独自の尺度とすべきであろう。

　健康は，生命体がある時間帯で順調に生きていれば，健康であると言える。健康に程度はない。100％健康である場合が健康であり，90％健康というのは，10％不健康ということになる。したがって，100 から０の尺度ができる。100 が健康で，それ以外が不健康を意味し，０は死を意味する。しかし，この健康尺度は病気の重症度を意味するので，さらに２つの尺度を加える必要がある。１つは，痛度尺度であり，否定的でマイナスなので０から－100 の尺度とする。健康尺度が50 であっても，痛度が０の場合も少なくない。もう１つは，病状に対する知識，それに続く解釈，判断であり，合わせて解釈判断尺度と呼び，これも０から－100 とする。たとえば，すい臓がんのレベル４で，健康尺度では５で，痛度で－40 の場合，自分がすい臓がんであることを知らなければ，解釈判断度は０である。その時の心のやすらぎは，＋１である。すい臓がんステージ４を知らされ，余命２か月であることがわかれば，解釈判断は－99 に跳ね上がり，心のやすらぎ度は－１になる。

前章付録で述べたように，筆者が尿路結石で真夜中に救急車で運ばれていたとき，痛みが極限に達した。息をするのも困難で，もう死ぬと思った。しかし，病院に着くころには，しゃべれるくらいまでになり，助かったと感じた。禍を福にしているようでもある。「塞翁が馬」のミニ版のようでもある。ともあれ，その尿路結石のピーク時の健康尺度は，50くらい，痛度は−98くらい，知識度は痛みから推定して−80くらいだと思われる。このような瞬間，当然ながら心のやすらぎなどない。明らかに−1である。しかし，確定診断され，痛み止めなどを処方できることがわかったとたん，この上もない心のやすらぎを得た。急に＋1になる。これを時系列で表せば，健康尺度は50のままで，痛度は−98から痛み止めとおそらくプラセボ効果で−40，知識度は，痛度に基づく−80から確定診断によって−30くらいに減少し，心のやすらぎ尺度は，−1から＋1に変容した。特筆すべきは，健康という漠然としたことばでは，心のやすらぎと関連づけにくいということである。そして，内的状態の健康尺度と痛度，それらを解釈する解釈判断度のうち，じかに心のやすらぎ度と結びつくのが痛度と解釈判断度である。これは，通例，心に属する。健康尺度95の場合，痛度が−40でも，解釈判断度が0であれば，心のやすらぎが＋1である。なお，蛇足であるが，このように尿路結石事件に2度も言及するのは，もはや自慢話のように思われるかもしれない。

　つぎに，愛に移る。愛は，社会の中の変数である。人間は社会的存在であり，1人では生きていけない。日常的には人と接する。その人に対する反応で，好意的あるいは肯定的か，憎悪あるいは否定的かの尺度となる。これは，＋50から−50の尺度にするとわかりやすい。これ以上ない熱烈な恋愛のとき，＋50であるが，この場合，相思相

愛でなければならない。あるいは，春の日の昼下がり，愛児の満面の
笑みを見るときは＋50であり，この場合は，愛児の満面の笑みとい
う刺激に対する自分の反応である。これらの場合，ほかの条件が一
定であれば，心のやすらぎは，＋1である。他方，憎悪の最大値は－
50で表される。相手に対して特別な反応をしない場合は，無関心で0
となる。

　愛について，注目すべきは，時系列の中で愛と幸せがそれぞれの尺
度上で複雑に共変化することである。第1章の『あの素晴らしい愛を
もう一度』では，「あのとき同じ花を見て美しいと言った」2人は，
愛の強度＋50であり，心のやすらぎ度は＋1であった。その後，女
の子の男の子に対する愛の強度が0になり，男の子の女の子に対する
強度が＋50のままであるとすると，女の子にとって，男の子の＋50
が負の負荷となり，0－50つまり－50で，心のやすらぎ度も－1に
なる。他方，男の子は強度＋50のままであれば，女の子の－50によっ
て，やすらぎ度－1になり，両尺度の値の乖離が最大になる。ストー
カー事件が起こらなければ，いいのだが，…。

　まとめると，心のやすらぎがもっとも大事であるが，度合いの差は
あれ，ほかの要素と関連し合っていると言える。健康との結びつきは
直線的ではない。確かに，健康であっても，大きな悩みがあれば，そ
れは心がやすらかでない。しかし，不健康であれば，たとえば堪えが
たい痛みが続けば，心がやすらかであり得ない。とりわけ，強い痛み
は，大きな否定要因である。つまり，富や健康は，著しく欠乏すれば，
惨めで不幸せであるが，充足されても幸せとは限らない。この意味に
おいて，心のやすらぎと健康に限定すると，健康は心のやすらぎの必
要条件であるが，十分条件ではない。心のやすらぎは健康の十分条件

ではない。これは，多かれ少なかれ，ほかの要素に当てはまる。富も同様に，心のやすらぎと無関係に見える。しかし，極貧であれば，そこに心のやすらぎはない。例外は愛である。愛は心のやすらぎとほぼ等価である。社会的存在としての人間は，人間中心の環境で心のやすらぎが左右される。

幸せの正体

　幸せはどこにあるのか。確かに，外的刺激は自分の外にある。しかも，どこか遠くにあるのだろう。こう考えるのは当然である。しかし，そう思う人は，まだ修業が足りない。それに対して「幸せとは気づくもの」であるとか，「幸せは，自分のすぐ身近なところにある」と言う人は，教養人である。ことわざでは，「足ることを知る」や「足ることを知れば，福人」や「足るを知らざる者は富むと雖も貧し」などがある。自分の身を見て，満足できることが幸せであるという意味である。

　しかしながら，多くの人々が「幸せとは気づくもの」であることに気づかないのはなぜなのか。「足ること」を知らない人々が圧倒的に多いのはなぜなのか。それは気づくことが難しいからだ，というのでは説明にならない。「気づく」とは発見することであり，発見することは難しい。なぜ難しいのか。

　少なくとも２つ理由が考えられる。第１の理由として，南こうせつが歌う『赤ちょうちん』（喜多條忠作詞）と吉田兼好『徒然草』「牛売る者あり」を見てみたい。

生きてることはただそれだけで
哀しいことだとしりました　　　　　　　『赤ちょうちん』

人皆生を楽しまざるは，死を恐れざるが故なり。死を恐れざるに
はあらず，死の近き事を忘るるなり。（人が生を楽しまないのは，
死を恐れないからである。いや，死を恐れないのではない。死の
近いことを忘れているからである。）　　　　「牛売る者あり」

『赤ちょうちん』は，真実とは真逆である。生命や生物は，生きるこ
とが肯定である。生きていることは，哀しいこと，否定的なことでは
なく，肯定的で幸せなことである。もし生きていることが哀しい否定
的なことならば，それを否定すると，肯定になり，幸せになる。しか
し，その否定とは，死であり，死が幸せということになる。それは，
生命や生物を否定することに過ぎず，誤りである。この歌詞について
は，生きていることが禍禍禍禍ではなく，一時的に哀しいことがある
が，それがずっと続くということはあり得ず，やがて福がやってくる
ことが見えていない。すなわち，ある時間を区切り，それを延伸する
という誤りを犯している。
　人は生命体であり，吉田兼好が諭すように，生きていること自体が
幸せである。その幸せを全身で感応するとき，そこに幸せがある。生
きていること自体に慣れ過ぎて，幸せであることが麻痺してしまう
と，ちょっとした否定的刺激で，「生きてることはただそれだけで哀
しいことだ」と錯覚してしまう。
　第2の理由は，コップに半分入っている水の見方である。よく言わ
れるように，半分もあるという肯定的見方と半分しかないという否定

的見方に分かれる。前者は楽観的，後者は悲観的である。前者のほう
が多いと思われるが，自分史の中で否定反応が蓄積されているとい
う，さらなる否定反応をするなら，悲観的になる。あるいは，後者は
夢見るロマン派かもしれない。もっとよい世界があるはずだ。しかし，
そこに手が届かず，それが鬱憤になっているのかもしれない。いずれ
にせよ，行動主義的には，悲観主義から楽観主義に変身するのは可能
であり，本人自身がそれに気づく必要がある。

　最後に，吉田兼好の知見に関して，死が近い高齢者はどうであろう
か。老年期は病気が伴う。青少年期は，多くが健康なので，幸せ論で
健康は大きな問題になっていないが，老年期は，多くが病気を抱えて
いるので，健康は日日の話題である。老年期の健康と幸せはどのよう
な関係になっているのであろうか。健康であれば，幸せになる。不健
康であれば，不幸せになる。幸せであれば，健康になる。不幸せであ
れば，不健康になる。この4つのうち，2番目が真である。4番目は
しばしば真である。1番目と3番目は断定し難く，ケースバイケース
であろう。

　年を取ると意欲が低下すると言われている。理由の1つが，脳内の
神経伝達物質である「幸せ物質」セロトニンなどの減少と言われてい
る。これも不健康の一側面である。セロトニンの多い若者は幸せであ
る。特に子どもたちは，いつもにこにこしている。「幸せ物質」が多
ければ，幸せな性格で幸せな気分を楽しむことができる。高齢者のセ
ロトニンの減少に対しては，生活習慣を改善することで対抗すること
ができるとも言われている。たとえば，肉を食べると，トリプトファ
ンというアミノ酸が生成され，それがセロトニンの生成を促進すると
考えられている。セロトニンだけではない。老年が幸せ人生を送る道

筋は，潜在的に多く存在するはずである。これからは，それらをつぎつぎに発見して，日本人総体として，否，人類総体として実質幸福量を高めてゆきたいものである。そこに行動主義が寄与すると期待したい。

あとがき

　読者は，教養人として本書を手に取り，今読み終えようとしている。今，心の正体見たり，の感があれば，本書の所期の目的が達成されたことになる。なぜこれまで心の正体が不明であったのか。「天を測り，地を測りても，人の心は測り難し」ということわざのごとく，心は微妙で，変わりやすく，確かに捉え難い。千変万化，しばしば比喩の重苦しい外套をまとい，その身を隠していた。

　本書の結論をまとめると，外的刺激あるいは内的刺激に対して脳を中心に体全体が多重的に反応するが，その反応を部分的に限定して伝統的あるいは慣習的に心と呼んでいるということである。端的に言えば，体の反応である。その証左としては，ぎこちない表現もしくは無味乾燥な表現になるが，多くの場合，「心」ということばを「体」に置き換えることができる。「心が痛む」は「体が痛む」に，「心が明るくなる」は「体が明るくなる（軽やかになる）」に，「心が躍動する」は「体が躍動する」に，「心が萎む」は「体が萎む」といった具合である。体は物体である。心を非物体ということがある。そうすると，物体である体は非物体である心より御しやすい。心の幸せよりも体の幸せは捉えやすい。このような視点に立てば，幸せはすぐそこに，いや今ここにある。

　そして，今ここを読む読者は，心が軽くなるのではなかろうか。否，体が軽くなったのではなかろうか。なぜなら心など存在しないからである。存在していると思われた心が存在しなくなったのであるから，すっきりする。これまで，時として重くのしかかっていた得体の知れない心，折れたり傷ついたりしていた心が雲散霧消すれば，体は軽く

なり，さっぱりするはずである。逆に，軽やかで燦燦と輝くような心をもっていた人たちは，そんな心などないと言われても，がっかりする必要はない。これまで軽やかで燦燦と輝くような体をもっていたということである。

　しかし，体が軽くなったとはいえ，これから艱難辛苦がやって来ないというわけではない。社会環境，自然環境の中に身を置く限り，体に肯定的な幸せな刺激だけでなく，否定的な不幸せな刺激にも遭遇する。それら無数の刺激群は，自力で制御できるものもあれば，できないものもある。制御できるはずのものには，たとえば「君子危うきに近寄らず」があるが，私たちは君子ではないので，「危うき」の判断が出来なかったり，その判断に失敗したりして，結果，否定的反応をする。しかしながら，筆者自身，高齢という頂点に立ってわが人生を振り返ってみると，否定反応はすべて一過性であった。そのあとには，肯定的な刺激・反応が来る。まさに「禍福はあざなえる縄の如し」である。自然災害などによる不可避な否定刺激による否定反応は何年にもわたる。しかし，そのつらい長い否定的で不幸な期間でさえ，その中にさらなる否定的刺激のみならず，小さな肯定刺激が重層的に見え隠れしているはずである。その肯定刺激を見出す力は感情知能と言えるであろう。第４章で見てきたように，感情知能は学習によって高めることができる。

謝　辞

　本書が日の目を見ることができたのは，ときに偶発的に，ときに必然的に遭遇した多くの肯定刺激のおかげです。行動主義的には刺激という冷やかな表現になりますが，慣用的には温かい表現，人たちになります。つくづく「人間は社会的存在である」に思いを致す昨今です。まず，本書の企画・編集に眼力を発揮していただいた星和書店編集部の岡部浩さんの存在がありました。岡部さんのサポートがなければ，本書は出現していません。深く（慣用的には，心底より）感謝申し上げます。つぎに，出版を後押ししてくれた家族（妻由紀子，長女真理子，次女真紀子）です。面と向かっては言いにくいので，ここに「ありがとう」を記します。それから，これまで出会った多くの同僚や学生，そして古今東西，主に参考文献に掲げた人たちから強烈な肯定刺激，ときには鋭い否定刺激を受けました。その反応群のエッセンスが本書です。その方々に御礼申し上げます。

　学問は最高の遊びである。本書を執筆しながら，最高の遊びの時間をもつことができました。ダーウィンやスキナーや尾崎紅葉や九鬼周造らの一端に触れ，えも言えぬ高揚感を味わうこともありました。その偉人たちが書評をするなら，どのような展開があるのでしょうか。幻の書評を想像しつつ，煌めく偉人たちの存在自体に感謝する次第です。

参考文献

Averill, J.R., & More, T.A. (2000). Happiness. In M. Lewis & J.M. Haviland-Jones (Eds.). *Handbook of emotions, 2nd ed.* (pp. 663-676). New York: The Guilford Press.

Berkeley, G. (1710/1999). *A treatise concerning principles of human knowledge.* The University of Oregon.

Blanshard, B. (1967). The problem of consciousness: A debate. *Philosophy and Phenomenological Research, 27,* 317-324.

Boden, M.A. (1988). *Computer models of mind: Computational approaches in theoretical psychology.* Cambridge: Cambridge University Press.

Braunwald, E., Fauci, A.S., Kasper, D.L., et al. (2001). *Harrison's principles of internal medicine.* New York: McGraw-Hill.

Broadie, S. (2001). Soul and body in Plato and Descartes. *Proceedings of the Aristotelian Society, 101,* 295-308.

Caramazza, A. (1996). The brain's dictionary. *Nature, 380,* 485-486.

Catania, A.C., and Harnad, S. (1988). *The selection of behavior: The operant behavior of B. F. Skinner.* Cambridge: Cambraidge University Press.

Chomsky, N. (1959). A review of B. F. Skinner's *Verbal Behavior. Language, 35,* 26-58.

Churchland, P.M. (1992). *A neurocomputational perspective: The nature of mind and the structure of science.* Cambridge, Mass.: The MIT Press.

Cohen, S., Tyrrell, D.A.J., & Smith, A.P. (1998). Psychological stress and susceptibility to the common cold. *New England Journal of Medicine, 325,* 606-612.

Comrie, B. (2001). Languages in the world. M. Aronoff & J. Rees-Miller (Eds.). *The handbook of linguistics,* pp. 19-42. Oxford: Blackwell Publishers Ltd.

Cottingham, J., Stoothoff, R., & Murdoch, D. (1984). *The philosophical writings of DESCARTES.* Cambridge: Cambridge University Press.

Culver, D. (1998). A review of emotional intelligence by Daniel Goleman: Implications for technical education. *Proceedings of the IEEE: 28th Annual Frontiers in Education Conference FIE '98,* pp. 855-860.

Damasio, A.R. (1994). *Descartes' error: Emotion, reason, and the human brain.* New York: G. P. Putnam's Sons

Damasio, H., Grabowski, T.J., Tranel, D., et al. (1996). A neural basis for lexical retrieval. *Nature, 380,* 499-505.

Darwin, C. (1987/1999). *The expression of the emotions in man and animals.*

Introduction, afterword and commentaries by Paul Ekman. London: HarperCollins Publishers.

Eccles, J.C. (1991). *Evolution of the brain: Creation of the self.* Routledge: London and New York.

Elman, J.F. (2004). An alternative view of the mental lexicon. *TRENDS in Cognitive Sciences, 8,* 301-306.

Elman, J.F. (2009). On the meaning of words and dinosaur bones: Lexical knowledge without a lexicon. *Cognitive Science, 33,* 547-582.

Goleman, D. (1995). *Emotional intelligence: Why it can matter more than IQ?* New York: Bantam Books.

Gorham, G. (1994). Mind-body dualism and the Harvey-Descartes controversy. *Journal of the History of Ideas, 55,* 211-234.

Hull, C.L. (1937). Mind, mechanism, and adaptive behavior. *The Psychological Review, 44,* 1-32.

James, W. (1890/1950). *The principles of psychology. Vol. 2.* New York: Dover Publications, Inc.

Kiecolt-Glaser, J.K., Marucha, P.T., Malarkey, W.B., et al. (1995). Slowing of wound healing by psychological stress. *Lancet, 346,* 1194-1196.

Lakoff, G. (1987). *Women, fire, and dangerous things: What categories reveal about the mind.* Chicago: The University of Chicago Press.

Loewer, B. (2002). Comments on Jaegwon Kim's *Mind and the Physical World. Philosophy and Phenomenological Research, 65,* 655-662.

MacCorquodale, K. (1970). On Chomsky's review of Sinner's *Verbal Behavior. Journal of the Experimental Analysis of Behavior, 13,* 83-99.

Mayer, J.D. & Salovey, P. (1995). Emotional intelligence and the construction and regulation of feelings. *Applied & Preventive Psychology, 4,* 197-208.

Miller, S.M., & Schnoll, R.A. (2000). When seeing is feeling: A cognitive-emotional approach to coping with health stress. In M. Lewis & J. Haviland-Jones (Eds.). *Handbook of emotions, 2nd ed.* (pp. 538-557). New York: The Guilford Press.

Norris, O.O. (1929). A behaviorist account of consciousness. I.: The awareness aspect of it. *The Journal of Philosophy, 26,* 29-43.

Ogden, C.K., & Richards, I.A. (1923/1969). *The meaning of meaning.* London: Routledge & Kegan Paul Ltd.

Osgood, C.E., Suci, G.J., & Tannenbaum, P.H. (1957). *The measurement of meaning.* Chicago: University of Chicago Press.

Palmer, B., Donaldson, C., & Stough, C. (2002). Emotional intelligence and life satisfaction. *Personality and Individual Differences, 33,* 1091-1100.

Palmer, D.C. (2006). On Chomsky's appraisal of Skinner's *Verbal Behavior:* A half century of misunderstanding. *A Behavior Analysis, 29,* 253-269.

Parkinson, B. (1996). Emotions are social. *British Journal of Psychology, 87,* 663-683.

Russell, B. (1921/1971). *The analysis of mind.* London: George Allen & Unwin Ltd.

Russell, B. (1930/1975). *The conquest of happiness.* London: George Allen & Unwin Ltd.

Salovey P., & Mayer, J.D. (1990). Emotional intelligence. *Imagination, Cognition, and Personality, 9,* 185-211.

Skinner, B.F. (1957). *Verbal behavior.* Englewood Cliffs, New Jersey: Prentice-Hall, Inc.

Skinner, B.F. (1967). The problem of consciousness: A debate. Reply by Professor Skinner. *Philosophy and Phenomenological Research, 27,* 324-332.

Skinner, B.F. (1977). Why I am not a cognitive psychologist. *Behaviorism, 5,* 1-10.

Skinner, B.F. (1981). Selection by consequences. *Science, 213,* 501-504.

Treisman, A.M. (1960). Contextual cues in selective listening. *Quarterly Journal of Experimental Psychology, 12,* 242-248.

Ullman, M.T. (2007). The biocognition of the mental lexicon. In M.G. Gaskell (Ed.). *The Oxford handbook of psycholinguistics,* (pp. 267-286). Oxford: Oxford University Press.

Veenhoven, R. (2010). Greater happiness for a greater number: Is that possible and desirable? *Journal of Happiness Study, 11,* 605-629.

Veenhoven, R. (2014). Notions of the good life. In S.A. David, I. Boniwell, & A.C. Ayers (Eds.). *The Oxford handbook of happiness,* (pp. 161-173). Oxford: Oxford University Press.

Zajonc, R.B. (1968). Attitudinal effects of mere exposure. *Journal of Personality and Social Psychology Monograph Supplement, 9, 2, Part 2,* 1-27.

岩淵悦太郎・村石昭三編 (1976). 『用例集　幼児の用語』日本放送出版協会 .

河野裕子 (2011). 『わたしはここよ』白水社 .

九鬼周造 (1930/1967). 『「いき」の構造』岩波書店 .

国広哲弥 (1970). 『意味の諸相』三省堂.

福田清人 (1970). 「人と文学」『日本文学全集 2　尾崎紅葉 泉鏡花集』pp. 448-467. 筑摩書房.

〈著者〉

山田　純 （やまだ じゅん）

1951年　山口県下関市生まれ
1977年　広島大学大学院教育学研究科中退
同　年　広島大学教育学部助手
1980年　高知大学教育学部講師，助教授
1985年　広島大学総合科学部助教授
1995年　同教授
2017年　退職
現　在　広島大学名誉教授・博士（心理学）
　　　　国際誌に論文掲載多数

心の正体見たり

2023 年 7 月 6 日　初版第 1 刷発行

著　　　者　山田　純

発　行　者　石澤雄司

発　行　所　_{株式}_{会社}星 和 書 店

〒 168-0074　東京都杉並区上高井戸 1-2-5

電話　03 (3329) 0031 (営業部) ／ 03 (3329) 0033 (編集部)

FAX　03 (5374) 7186 (営業部) ／ 03 (5374) 7185 (編集部)

URL　http://www.seiwa-pb.co.jp

印刷・製本　中央精版印刷株式会社

こころがふわっと軽くなる
ACT（アクセプタンス＆コミットメント・セラピー）
ガチガチな心を柔らかくするトレーニング

刎田文記 著

A5判　184p　定価：本体 1,700円＋税

誰もが自分で学び実践できる ACT（アクセプタンス ＆ コミットメント・セラピー）の本。ACT やその基礎理論についてコンパクトに学べる一冊。専門家でなくてもわかる易しい解説とエクササイズ。

ロボットに愛される日
AI時代のメンタルヘルス

セルジュ・ティスロン 著

阿部又一郎 訳

四六判　276p　定価：本体 2,700円＋税

人間が受け入れやすいよう、様々な工夫を凝らされた最先端のロボットや AI。こうした"対象（オブジェ）＝モノ"を正しく扱うため、本書は人間の心理・行動を見つめ直す。現代社会に必須のリスクヘッジ指南書。

発行：星和書店　http://www.seiwa-pb.co.jp